Schmankerl aus dem Bauernjahr
Kulinarische Leckerbissen aus Ostbayern

Schmankerl aus dem Bauernjahr

Kulinarische Leckerbissen aus Ostbayern

Idee und Gestaltung: Irmi Hofmann

Neue Presse Verlags-GmbH, Passau

ISBN 3-924484-42-2
1. Auflage 10/91
2. Auflage 12/91
3. Auflage 03/92
4. Auflage 10/92
5. Auflage 10/93
6. Auflage 03/95

Gesamtherstellung: Neue Presse Druckservice-GmbH, Passau

Geradezu überwältigend war die Reaktion auf den Rezeptwettbewerb »Schmankerl aus dem Bauernjahr«. Es war schwierig, aus dieser Fülle von Rezepten eine Auswahl zu treffen. Alle Autorinnen und Autoren stehen mit ihrem Namen ein für ihr Rezept, das sie als ihr »bestes« eingesandt haben.

Herzlichen Dank an alle Einsender.

Der Bayerische Staatsminister für Ernährung, Landwirtschaft und Forsten, Hans Maurer:

»Gutes Essen und Trinken gehören in Bayern zur traditionsreichen Lebenskultur. So vielgestaltig und abwechslungsreich wie Bayerns Landschaften ist auch die bayerische Küche.
Die bäuerliche Küche kann wohl als die traditionellste bezeichnet werden. Hier hat man an der ursprünglichen Ernährung am längsten festgehalten und die Rezepturen in der Tradition von der Mutter auf die Tochter überliefert.«

Unsere Autorinnen und Autoren bereichern das Buch durch alte Rezepte, die zum Teil aus handgeschriebenen Kochbüchern ihrer Großmütter und Urgroßmütter stammen.

Andere Rezepte wurden bislang nur mündlich von einer Generation zur nächsten überliefert und für dieses Buch erstmals schriftlich festgehalten. So können sie nicht mehr in Vergessenheit geraten.

Der Bundesminister für Ernährung, Landwirtschaft und Forsten, Ignaz Kiechle:

»Die bäuerliche Küche bietet Anregungen für viele Gelegenheiten: von der einfachen Mahlzeit bis hin zu verschiedenen Festtagsgerichten. Sie ist damit eine willkommene Bereicherung und eine immer beliebtere Alternative zur feinen Haute Cuisine.

In »Schmankerl aus dem Bauernjahr« werden Köstlichkeiten der bäuerlichen Küche vorgestellt. Lassen Sie sich von der Fülle der schmackhaften und abwechslungsreichen Rezepte überzeugen. Erfahren Sie, daß gutes Essen in Deutschland zur traditionsreichen Lebenskultur gehört.«

Damit Sie sich besser zurechtfinden, haben wir das Buch in folgende Kapitel eingeteilt:

- Suppen
- Mehlspeisen
- Fleischspeisen
- Knödel
- Kartoffelgerichte
- Nachspeisen
- Süßes zum Kaffee
- Besondere Schmankerl

Wohl einmalig ist die große Palette an Knödelgerichten von süß bis pikant.

Viel Spaß beim Studieren und Ausprobieren!

Irmi Hofmann

Inhaltsverzeichnis

Suppen

Mehlspeisen

Fleischspeisen

Knödel

Kartoffelgerichte

Nachspeisen

Süßes zum Kaffee

Besondere Schmankerl

Suppen

Leberschwammerlsuppe ➛

Aufgeschmalz'ne Brotsupp'n mit Leberwurst

200 g altes Brot
1½ l Fleischbrühe
60 g Butter
2 Zwiebeln
Salz, Pfeffer
4 Leberwürste

Brot in kleine, dünne Scheiben schneiden und in eine vorgewärmte Schüssel geben. Die Brühe aufkochen und würzen. In der Zwischenzeit die in halbe Ringe geschnittene Zwiebel in Butter braun anrösten. Brühe über Brotscheiben und Zwiebeln gießen.
Die in heißem Wasser vorgewärmten Leberwürste in Suppenteller legen, heiße Suppe darübergießen. Leberwurst in der Suppe ausdrücken und gut durchmischen.

Josef Schmaus
Stadtplatz 5, 8374 Viechtach

Bauernsuppe

8 EL Öl
8 EL gehackte Zwiebeln
500 g gemischtes Hackfleisch
3 EL Mehl
4 EL Tomatenmark
1 l Fleischbrühe
500 g Sauerkraut
4 große gekochte Kartoffeln
Salz, Pfeffer
Paprika, Kümmel
1 EL Weißwein
1 Becher Sauerrahm

Zwiebeln in Öl anbraten, Hackfleisch zugeben und mitbraten, mit Mehl stauben. Tomatenmark unterrühren, mit Brühe aufgießen und ca. 20 Minuten köcheln lassen. Sauerkraut klein schneiden, Kartoffeln würfeln, beides zugeben, würzen und mit Weißwein und Sauerrahm abschmecken.

Angelika Danner
Quellenweg 3, 8360 Deggendorf

Bayerische Leberknödelsuppe

6 alte Semmeln
125 g Leber
2 Eier
Zwiebel
etwas Milch
Pfeffer, Salz
Majoran
Petersilie
$1^1/_2$ l Fleischbrühe

Semmeln in feine Scheiben schneiden, in etwas Milch einweichen. Leber mit der Zwiebel und der Petersilie durch den Fleischwolf drehen. Semmel- und Lebermasse mit Eiern vermischen, mit Pfeffer, Salz und Majoran würzen. Alles gut durcharbeiten und einige Zeit stehen lassen.
Aus dieser Masse mit nassen Händen Knödel formen und in die kochende Fleischbrühe legen, ca. 20 Minuten ziehen lassen.

Anna Kiermeier
Pointweg 1, 8351 Stephansposching

Bier-Brotsupp'n

2 mittelgroße Zwiebeln
40 g Schweineschmalz
$1^1/_4$ l Rinderbrühe
1 Prise Salz
frisch gemahlenen Pfeffer
4 Scheiben Roggenbrot
$^1/_2$ l Bier
50 g Butter
Schnittlauch

Zwiebeln in Ringe schneiden und in Schweineschmalz goldgelb anschwitzen. In einen großen Topf geben und die heiße Brühe darüber gießen. Salzen und mit frischem Pfeffer abschmecken, ziehen lassen.
Jede der Roggenbrotscheiben in 4 Teile schneiden, in Bier tränken und in Butter knusprig rösten.
In einen Suppenteller legen und mit der heißen Brühe übergießen. Schnittlauch darüber streuen.

Gertrud Dichtl
Jahnstraße 6, 8392 Waldkirchen

Brätnockerlsuppe

250 g Kalbsbrät
$^{1}/_{8}$ l Milch
30 g Butter
1/2 Zwiebel
1 Ei
4–6 EL Semmelbrösel
Petersilie
Salz, Muskatnuß
$1^{1}/_{4}$ l Fleischbrühe

Brät mit der Milch glatt rühren. Zwiebel und Petersilie zerkleinern und in der Butter andünsten, dazugeben. Ei, Semmelbrösel und Gewürze untermischen. Der Teig soll nicht zu fest sein.
Mit einem nassen Löffel Nockerl abstechen und in die kochende Fleischbrühe geben, 10–15 Minuten leicht kochen lassen.

Leni Bichler
Moosackerweg 11, 8262 Altötting

Brätstrudelsuppe

2 Pfannkuchen
200 g Kalbsbrät
4 EL Sahne
frische gehackte Kräuter nach Belieben
oder $^{1}/_{2}$ P. tiefgefrorene Küchenkräuter
Salz, Muskat
geriebene Zitronenschale

Kalbsbrät und Sahne gut verrühren, Kräuter und Gewürze zugeben, mit Salz abschmecken. Die Masse auf die kalten Pfannkuchen dick aufstreichen, eng aufrollen, und etwas stehen lassen.
In ca. 2–3 cm breite Röllchen schneiden. Vorsichtig in die heiße Suppe geben, kurz aufkochen und 5 Minuten ziehen lassen.

Anneliese Hertel
Am Wimhof 48, 8390 Passau 24

Braune Nockerlsuppe

6 alte Semmeln, geschnitten
3 Eier
$^{1}/_{4}$ l kochende Milch
Salz
$^{1}/_{2}$ Stange Lauch
1 gelbe Rübe
1 kleine Zwiebel
Ausbackfett
1 l Wasser
Salz, Pfeffer, Suppenwürze, Schnittlauch

Aus Semmeln, Eiern, Milch und Salz einen Knödelteig bereiten. Mit zwei Eßlöffeln Nockerl daraus formen und diese in heißem Fett goldgelb backen.
Für die Suppe Lauch in feine Streifen, gelbe Rübe in Würfel schneiden und in leicht gesalzenem Wasser weichkochen. Kurz vor Ende der Garzeit Nockerl dazugeben und noch 5 Minuten mitkochen.
Zwiebel in Würfel schneiden, in einem Pfännchen mit etwas Fett hellbraun rösten und damit die Nockerlsuppe aufschmalzen.
Mit Salz, Pfeffer, Suppenwürze und Schnittlauch abschmecken.

Rita Wirrer
Weißenstein 3, 8359 Schöllnach

Einbrennte Rührmillisupp'n

2 EL Butter
2 EL Mehl
Salz
1 l Buttermilch
Kümmel
3 Scheiben Schwarzbrot in Würfeln

Butter erhitzen, Mehl einstreuen, hellbraun anschwitzen und mit Buttermilch aufgießen, etwas einkochen lassen. Mit Salz und Kümmel würzen.
Schwarzbrotwürfel in die Suppenschüssel geben und dic heiße Suppe einfüllen.

Rosa Bruckeder
Egerlandstraße 12, 8268 Garching

Hennenknödelsuppe

ca. 300 g durchgedrehtes rohes Hühnerfleisch
$^1/_2$ Bund Petersilie
etwas geriebene Zitronenschale
8 alte Semmeln in Scheiben
ca. $^1/_4$ l heiße Milch
Salz, Muskat
$^1/_2$ Zwiebel in Würfel
2 Eier
1 EL Mehl
$1^1/_2$ Fleischbrühe

Semmelscheiben mit Milch übergießen. Zwiebelwürfel, Eier und Mehl untermengen, mit Salz und Muskat abschmecken. Hühnerfleisch, gehackte Petersilie und Zitronenschale zufügen. Gut vermengen und kleine Knödel formen. In Fleischbrühe ca. 20 Minuten garen.

Gertrud Altmann
Holzweg 4, 8353 Wisselsing

Hirnbavesensuppe

200 g Hirn, gewässert und gesäubert
$^1/_2$ gehackte Zwiebel
1 EL gehackte Petersilie
etwas geriebene Zitronenschale
1 EL Butter
1 Ei
Salz, Pfeffer
1 Handvoll Semmelbrösel
3 alte Semmeln
$1^1/_2$ l Fleischbrühe

Zum Ausbacken:
2 Eier
etwas Milch
Butterschmalz

Aus dem feingehackten Hirn und den übrigen Zutaten einen Teig herstellen, gut verrühren.
Semmeln in dicke Scheiben schneiden, diese halbieren. Jeweils eine Hälfte mit Hirnmasse bestreichen, die andere Hälfte darauf kleben. Eier mit etwas Milch verquirlen, die Bavesen darin wenden und in heißem Fett ausbacken.
Halbierte Bavesen in Fleischbrühe anrichten.

Birgit Schacherl
Am Ederhölzl 6, 8340 Pfarrkirchen

Holdersuppe

$^1/_2$ l Wasser
1 Glas Rotwein
500 g Holderbeeren (Holunder)
etwas Zimt
Zucker nach Geschmack
1 Kochlöffel Mehl
4 EL Milch
$^1/_4$ l Milch
geröstete Semmelwürfel

Holderbeeren mit Wasser und Wein, etwas Zimt und Zucker ca. 30 Minuten kochen. Dann Mehl mit 4 EL Milch glattrühren. $^1/_4$ l Milch zugeben, in die Holdersuppe einrühren und ca. 15 Minuten kochen lassen.
Geröstete Semmelwürfel in die Suppenschüssel geben, mit der kochenden Suppe übergießen. Warm oder kalt zu Tisch geben.

Anita Weinberger
Dorfstraße 3, 8375 Gotteszell

Kaiserschöberlsuppe

1–2 Markknochen
500 g Rindfleischknochen
1 Bund Suppengrün
1 EL Butter
$1^1/_2$ l Wasser
Salz, Pfeffer

für die Kaiserschöberl:
50 g gekochten Schinken
2 Eier
$1^1/_2$ EL Mehl
Pfeffer, Salz, Muskat
etwas Fett
Schnittlauch

Knochen und zerkleinertes Suppengrün in Butter andünsten. Wasser zufügen und ca. $1^1/_2$ Stunden kochen. Die Brühe abseihen und würzen.
Eigelb und Mehl verrühren, fein gewürfelten Schinken untermischen. Eiweiß steif schlagen und vorsichtig unterziehen, kräftig würzen. Die Masse fingerdick auf ein gefettetes, bemehltes Blech streichen und ca. 10 Minuten bei 200 Grad backen. In 3 cm lange Romben schneiden, in die Suppe geben, mit Schnittlauch bestreuen und sofort servieren.

Therese Hein
Gartenstraße 13, 8399 Neuhaus/Inn

Kapuzinersuppe

1½ l Fleischbrühe
1 fein gehackte Zwiebel
1 gekochte gelbe Rübe
1 frische Leberwurst
1 Ei
1 EL Milch
1 EL Mehl
Salz
geröstete Semmelwürfel
feingehackte Petersilie

Zwiebel, Petersilie und die in feine Scheiben geschnittene gelbe Rübe in die heiße Fleischbrühe geben. Leberwurst häuten, zerdrücken mit Ei, Mehl, Milch und Salz vermischen, gut verrühren und in die Fleischbrühe geben. Unter Rühren kräftig aufkochen lassen.
Mit gerösteten Semmelwürfeln anrichten.

Marianne Ströber
Lohen 49, 8261 Halsbach

Kerbelsuppe

2 kleine Stangen Lauch
2 Möhren
3 mittelgroße Kartoffeln
ca. 50 g Kerbel
30 g Butter
1 l Hühnerbrühe
Salz, Pfeffer, Muskat
100 g Sauerrahm

Möhren, Lauch und Kartoffeln putzen bzw. schälen und in kleine Stücke schneiden. Butter in einem Topf erhitzen und das Gemüse einige Minuten darin andünsten.
Kerbel von den Stielen zupfen, ca. 1/4 davon grob hacken und zum Gemüse geben. Mit der Brühe aufgießen und ca. 20 Minuten bei leichter Hitze kochen lassen.
Den restlichen Kerbel fein hacken oder wiegen. Suppe vom Herd nehmen, pürieren (Pürierstab), mit Salz, Pfeffer und Muskat abschmecken, Sauerrahm und restlichen Kerbel unterziehen.

Diese Kerbelsuppe ist eine Variation der traditionellen Kräutelsuppe, die früher zum Gründonnerstag gehörte wie der Fisch zum Karfreitag.
In diesem Rezept sorgen Kartoffeln statt der üblichen Einbrenne für die Sämigkeit.

Martha Strebl
Dingolfinger Straße 24, Aiglkofen, 8311 Marklkofen

Knoblauchsuppe

6–8 Knoblauchzehen
30 g Fett
1 l Brühe
1 altes Semmerl
1 Becher süße Sahne
Salz, Pfeffer
Schnittlauch
geröstete Weißbrotwürfel

Knoblauchzehen in Fett andünsten, mit Brühe aufgießen. Das Semmerl darin zerkochen lassen, dann süße Sahne, Salz und Pfeffer zugeben, gut aufschlagen (Mixstab). Mit Schnittlauch bestreuen und mit Weißbrotwürfeln garnieren.

Rosalia Braun
Schlott 5, 8348 Wittibreut

Kräutersupp'n

3 Semmeln
1 Handvoll Sauerampfer
1 Handvoll Kerbelkraut
30 g Butter
1 Eigelb
Muskatnuß
ca. 100 g Sauerrahm
1 1/2 l Fleischsuppe

Semmeln abreiben, in feine Scheiben schneiden und im Backrohr lichtgelb backen.
Unterdessen Sauerampfer und Kerbelkraut waschen, fein wiegen und in Butter weich dünsten. Die Semmelscheibchen und Fleischsuppe dazugeben, salzen und mit Muskatnuß würzen.
Ca. 15 Minuten kochen lassen.
Vor dem Anrichten mit Sauerrahm und Eigelb verfeinern.

Roswitha Sigrüner
Nikolaus-Lenau-Straße 13, 8262 Altötting

Krautsuppe

100 g Fett
20 g Zwiebeln
500 g Weißkraut
60 g Mehl
2,5 l Wasser
150 g Kartoffeln

Weißkraut hobeln. Fett erhitzen, feingehackte Zwiebeln darin anrösten, Kraut zugeben, andünsten. Mit Mehl bestäuben und nach dem Anrösten mit kaltem Wasser aufgießen. Mit Salz und Pfeffer würzen und eine Stunde kochen. Ca. 30 Minuten vor dem Anrichten gibt man rohe, würfelig geschnittene Kartoffeln dazu und läßt sie weichkochen.
Man kann die Suppe verfeinern, wenn man mit Sud von Geräuchertem aufgießt.
Als Einlage schmecken Scheiben von Bratwurst oder Geräuchertem sehr gut.

Rita Brunner
Feldöd 1, 8383 Aufhausen

Leberschwammerlsuppe

Leberteig:
1 Eischwer Schweinefett
1 Ei
80 g Leber
ca. 2 EL Semmelbrösel
Salz, Pfeffer
Muskat

Nudelteig:
50 g Mehl
20 g Butter
1 Ei
Salz

Fett zum Ausbacken
$1^1/_2$ l Fleischbrühe

Leber durch den Fleischwolf drehen. Schweinefett schaumig rühren, Ei und Leber zugeben, mit Salz, Pfeffer und Muskat würzen. Semmelbrösel nach Bedarf untermengen.
Aus Mehl, Butter, Ei und Salz einen Nudelteig herstellen. Dünn auswellen und in ca. 2 cm breite Streifen schneiden. Mit Wasser bestreichen und einzeln um einen Kochlöffelstiel rollen. Aus dem Leberteig schwammerlartige Kappen darauf setzen.
Im heißen Fett backen, bis sich der Teig vom Kochlöffel löst. In Suppentellern mit kochender Fleischbrühe übergießen.

Rosmarie Gillinger
Windorf $40^1/_2$, 8333 Hebertsfelden

Metzelsuppe

2 l Rindsbrühe
2 Blutwürste
2 Leberwürste
1 Zwiebel
Salz, Pfeffer, Majoran, Muskat
Schnittlauch

Teigbrösel:
1 Ei
100 g Mehl
etwas Salz

Zwiebel in Ringe schneiden und in Fett anbräunen, Brühe aufgießen. Würste aus der Haut in die Brühe drücken, würzen.
Aus Ei, Mehl und Salz trockene Teigbrösel kneten, in die Brühe geben und ca. 2 Minuten kochen lassen. Suppe mit Schnittlauch bestreuen.

Gertraud Gartmeier
Schönbichlerstraße 8, 8261 Reischach

Sauerampfersuppe

5–10 gerade entrollte Sauerampferblätter
1 mittelgroße Zwiebel
40 g Fett
2 EL Mehl
1/4 l Wasser oder Brühe
1/2 l Milch
Salz, Pfeffer
Muskat
gehackte Petersilie

Blätter waschen, grob hacken und mit der feingehackten Zwiebel im Fett leicht anschwitzen. Mit Mehl verrühren und mit Wasser oder Brühe ablöschen. Nach dem Aufkochen die Milch zugeben, nochmals aufkochen lassen, würzen und mit Petersilie anrichten.
Ein Teil der Milch kann durch Sahne ersetzt werden.

G. Graf
In den Pfützen 6, 6701 Schauernheim

Saure Milli-Mehl-Supp'n

1 l saure Milch
1/2 l Wasser
2 EL Mehl
4 EL Wasser
Salz
etwas sauren Rahm

Wasser zum Kochen bringen. Mehl mit kaltem Wasser zu einem Teiglein verrühren und langsam in das kochende Wasser einrühren. Die Mehlsuppe vom Feuer nehmen, mit Salz abschmecken und saure Milch langsam unter ständigem Rühren zugeben. Nochmals kurz aufkochen und nach Geschmack mit saurem Rahm verbessern. Dazu schmecken Bauernbrot oder Pellkartoffeln.

Maria Jahnstorfer
Deggendorfer Straße 41, 8351 Moos

Süppchen nach Braumeister-Art

500 g Weißkraut
500 g Zwiebeln
etwas dunkles Bier
ca. 2 l Brühe
Zucker, Pfeffer,
Paprika, Salz,
Wacholderbeeren

Weißkraut und Zwiebeln dünn hobeln, in Butter andünsten, mit Brühe aufgießen, ca. 1/2 Stunde kochen lassen. Dunkles Bier und Gewürze nach Geschmack zugeben.

Hans Mayer
Griesbacher Straße 6, 8399 Fürstenzell

Taubensuppe mit Trüffeln

2 Tauben
Salz
2 gelbe Rüben
1 Zwiebel
30 g Butter
$1\frac{1}{2}$ l Fleischbrühe

30 g Butter
30 g Mehl
1 Eigelb
etwas Rahm
$\frac{1}{8}$ l Weißwein
Trüffeln

Küchenfertige Tauben waschen, salzen, in einem Topf mit den kleingeschnittenen gelben Rüben und den Zwiebelwürfeln in Butter andünsten. Mit Fleischbrühe aufgießen, kochen lassen, bis die Tauben weich sind. Halbieren und das Fleisch von Knochen und Haut befreien. In Würfel schneiden und in etwas abgegossene Fleischbrühe legen, warm stellen.
Knochen, Haut- u. Fleischreste fein zerstoßen und in etwas Fett andünsten, mit Mehl stauben und mit der Fleischbrühe aufgießen. Aufkochen lassen und durchpassieren, salzen, abschmecken.
Mit Wein, Eidotter und Rahm verfeinern.
Trüffeln und Fleischwürfel zufügen.

Roswitha Buchner
Hauptstraße 54, 8440 Straubing-Alburg

Wickelsuppe

(Festtagssuppe)

$1^1/_2$ l Knochenbrühe

Lebernockerlteig:
100 g Leber
2 kleine Zwiebeln
gehackte Petersilie
1 Ei
20 g Fett
8 EL Semmelbrösel

Butternockerlteig:
80 g Fett
2 Eier
100 g Mehl
Salz, Muskat

Zutaten jeweils zu Nockerlteigen verarbeiten.

Auf gefettetes Pergamentpapier zuerst den Lebernockerlteig streichen, dann darauf in gleicher Flächengröße den Butternockerlteig. Vorsichtig mit dem Papier zusammenrollen und die Enden mit einer Schnur zusammenbinden. Die Rolle in kochendem Salzwasser ca. 20 Minuten leicht kochen lassen. Nach dem Garen die Rolle einige Minuten abkühlen lassen, Papier entfernen und in Scheiben schneiden.
In die Suppenschüssel geben und mit Knochenbrühe aufgießen.
Vorteilhaft ist es, den Teig in mehreren kleinen Portionen herzustellen.
Diese Suppeneinlage kann gut am Vortag eines Festes zubereitet werden

Mathilde Diem
Horading 6, 8335 Falkenberg

Zwudlsupp'n

6 EL Mehl
1 Ei
$1^{1}/_{2}$ l Fleischsuppe
Salz

Aus Mehl, Ei und wenig Salz einen lockeren Teig zubereiten. Mit der flachen Hand zerbröseln. Die Bröckerl oder »Zwudln« unter Umrühren in die kochende Fleischsuppe geben. 15–20 Minuten kochen lassen.

Roswitha Sigrüner
Nikolaus-Lenau-Straße 13, 8262 Altötting

Mehlspeisen

Mohnnudeln ➛

ZUCKER

Bayerische Dampfnudeln

500 g Mehl
$^1/_4$ l Milch
1 P. Vanillinzucker
oder abgeriebene Zitronenschale
30 g Hefe
40 g Butter
80 g Zucker
1 Ei
1 Prise Salz

Für die Flüssigkeit:
$^1/_8$ l Sahne oder Milch
1–2 EL Zucker
30 g Butter

Für die Dampfnudeln einen Hefeteig aus den angegebenen Zutaten herstellen und gut gehen lassen.
Pfanne mit Butter ausfetten, Sahne oder Milch und Zucker hinzugeben und die Dampfnudeln in die kochende Flüssigkeit einlegen. Mit einem Deckel schließen. Dann auf kleinster Kochstufe 10–12 Minuten garen. Evtl. noch die restliche Flüssigkeit bei offener Pfanne vorsichtig verkochen lassen.

Hilde Lechner
Piracher Straße 1, 8263 Burghausen

Dradewixpfeifferl mit Kraut

Kraut:
250 g Sauerkraut
70 g Speck
1 Zwiebel
Wacholderbeeren, Kümmel
Salz, Pfeffer
Lorbeerblatt nach Belieben

Dradewixpfeifferl:
150–200 g Mehl
1 Prise Salz
etwas Wasser

Speck auslassen, Sauerkraut und die gehackte Zwiebel darin andünsten, mit Wasser aufgießen und nach Geschmack würzen.
Aus Mehl, Salz und kaltem Wasser einen festen Teig kneten. Etwa haselnußgroße Stücke abstechen und zwischen den Handflächen »wuzeln«, bis man 2–3 cm lange, an beiden Seiten angespitzte Dradewixpfeifferl hat. Diese auf dem Backbrett noch etwas antrocknen lassen. In kochendes Salzwasser geben und 5–8 Minuten ziehen lassen. Abseihen, gut abtropfen lassen und unter das inzwischen fertiggegarte Sauerkraut mischen.

Christa Kleppel
Eichendorffstraße 58, 8440 Straubing

Dukatennudeln mit Vanillesoße

500 g Weizenmehl
20 g Hefe
200 ml Milch
50 g Butter
80 g Zucker
1 Prise Salz
3 Eigelb
1 ganzes Ei
4 EL Rum

Für die Reine:
$^1/_2$ l Milch
50 g Butter
1–2 EL Zimtzucker

Vanillesoße:
$^1/_2$ l Milch
1 Becher Sahne
3 Eier, getrennt
1 Vanillestange
80 g Zucker
2 TL Stärkemehl
1 Prise Salz

Aus Mehl, Hefe, Milch, Butter, Zucker, Salz, Eiern und Rum einen mittelfesten, feinen Hefeteig herstellen. Gehen lassen, dann etwa walnußgroße Stücke abstechen (ca. 25–30), kleine Kugeln formen und nochmals zugedeckt gehen lassen.
In einer Reine Milch mit Zimtzucker und Butter erhitzen, die gegangenen Nudeln in die Reine setzen und sofort bei ca. 180 Grad etwa 30 Minuten in der Röhre backen.
Für die Vanillesoße Eigelb, Stärke, Zucker und Salz in einem Topf gut verrühren. Milch und Sahne mit einem Schneebesen unterrühren. Das Mark der Vanilleschote zugeben. Milch langsam und unter ständigem Rühren erhitzen, kurz aufkochen lassen und noch etwas weiterrühren. Steif geschlagenen Eischnee unter die noch heiße Soße heben.
Sofort mit den Dukatennudeln zu Tisch geben.

Rita Sonnleitner
Rottersham 3, 8399 Ruhstorf

Gebackenes Heu und Stroh

150 g Mehl
20 g Butter
2 Eier
1 Prise Salz
etwas Rahm
Backfett

50 g Rosinen
3 Eidotter
1 EL Zucker
etwas Zimt
$^1/_8$ l Rahm

Mehl mit Butter, Eiern, Salz und Rahm zu einem mittelfesten Teig verkneten. Möglichst dünn ausrollen und zu kleinen Nudeln schneiden. In heißem Fett hellbraun backen. Mit Rosinen vermengen und in eine Auflaufform füllen. Die Eidotter mit Zucker, Zimt und Rahm verquirlen, über die Nudeln gießen und ca. $^1/_2$ Stunde bei Mittelhitze backen.
Nach Geschmack überzuckern und mit Kompott servieren.

Luise Eichinger
Schreinerholzweg 4, 8390 Passau

Goaßbeerln

250 g Topfen
1 Ei
1 Prise Salz
250 g Mehl
Backfett

Aus den Zutaten einen Teig kneten.
Davon daumendicke Nudeln ausrollen und diese in 2 cm lange Stücke schneiden. In schwimmendem Fett goldgelb backen.

Leni Bichler
Moosackerweg 11, 8262 Altötting

Gremmel-Heferollen

800 g Mehl
40 g Hefe
140 g Butter
1 Prise Salz
120 g Zucker
3 Eidotter
$^3/_8$ l Milch
ca. 400 g Gremmeln
Zimtzucker

Eigelb zum Bestreichen

Mittelfesten Hefeteig aus Mehl, Hefe, Butter, Salz, Zucker, Eidottern und lauwarmer Milch herstellen. An einem warmen Ort zugedeckt gehen lassen. Eine große rechteckige Teigplatte ca. 1 cm dick ausrollen. Gremmeln erwärmen und auf dem Hefeteig verteilen. Zimtzucker darüber streuen. Der Länge nach von beiden Seiten bis zur Mitte einrollen. In Abständen einschneiden, auf ein Backblech setzen, nochmals gehen lassen. Mit Eigelb bestreichen und bei Mittelhitze ca. 45 Minuten backen.

Regina Schanzer
Holzbach 4, 8399 Fürstenzell

Grießnudeln

1 l Milch
8 EL Grieß
100 g Zucker
1 Eigroß Butter
6 Eier
Zimtzucker
Semmelbröseln
Butterschmalz

Aus Milch, Grieß, Butter und Zucker ein dickes Grießmus kochen, abkühlen lassen. 6 Eidotter nach und nach einrühren, dann Eischnee unterziehen. Mit einem Eßlöffel Nudeln von der Masse abstechen, mit einem Gemisch aus Zimt, Zucker und Semmelbröseln bestreuen und in eine mit heißem Butterschmalz gefettete Reine setzen. Im heißen Rohr bei Mittelhitze backen.

Maria Hödl
Renfting 2, 8395 Hauzenberg

Grießsterz

1 l Milch
250 g Grieß
geriebene Zitronenschale
3–4 Eier
1 Becher süße Sahne
etwas Butter

Aus Milch, Grieß und Zitronenschale dicken Grießbrei kochen. Eier unterrühren. Die Masse auf ein Backblech streichen und in der Röhre bei Mittelhitze goldgelb backen.
Abkühlen lassen und mit dem Wiegemesser fein zerkleinern.
Den Sterz mit Butter und süßer Sahne in einer Pfanne rösten.

Sieglinde Robl
Unterried 1, 8371 Drachselsried

Hoaba-Datschi

300 g Mehl
1 Prise Salz
5 Eier getrennt
ca. 1/2 l Milch
etwas Butter
500 g Hoaba (Heidelbeeren)
Zucker zum Bestreuen

Aus Mehl, Salz, Eigelb, Milch und Eischnee einen etwas dickeren Pfannkuchenteig herstellen.
In einer großen Reine Butter erhitzen, den Teig einfüllen. Hoaba darauf verteilen, mit Zucker bestreuen.
Bei 180 Grad ca. 30 Minuten backen.
Nochmals mit Zucker bestreuen.

Regina Schanzer
Holzbach 4, 8399 Fürstenzell

Käsenudeln

250 g Mehl
2 Eigelb
125 g Frischkäse
1 Prise Salz
Backfett

Mehl auf ein Backbrett sieben, mit Eigelb, Salz und Frischkäse zu einem glatten Teig verkneten. Fingerlange und -dicke Nudeln ausformen, etwas trocknen lassen, danach in Fett schwimmend backen.

Josef Schmaus
Stadtplatz 5, 8374 Viechtach

Kirsch-Quark-Auflauf

250 g Speisequark
75 g Zucker
1 P. Vanillezucker
2 Eier
4 Semmeln
¼ l Milch
40 g Butter
500 g Kirschen
Saft und Schale einer unbehandelten Zitrone

Quark mit Zucker, Vanillezucker und Eiern schaumig rühren. Die abgeriebene Zitronenschale und den Zitronensaft zufügen. Die Semmeln in sehr kleine Scheiben schneiden und mit heißer Milch übergießen. Auflaufform fetten.
Die Semmelmasse mit der Quarkmasse verrühren. Kirschen entkernen. Die Hälfte der Quarkmasse in die Auflaufform füllen, ¾ der Kirschen darauf verteilen, mit der restlichen Quarkmasse bedecken. Den Rest der Kirschen darauf legen und die Butter in Flöckchen darüber verteilen.
Im vorgeheizten Backofen bei ca. 200 Grad etwa 40 Minuten backen.

Angela Hartl
Strähberg 1, 8441 Oberschneiding

Lippen und Batzen

250 g Mehl
1 Prise Salz
1 Ei
100 ml Milch

4–5 mittelgroße Kartoffeln
50 g Butterfett
ca. $^{3}/_{4}$ l Milch
1 Becher Rahm

Mehl, Salz, Ei und Milch in eine Schüssel geben, und zu einem glatten Teig verarbeiten. Nudelbrett mit Mehl bestäuben, den Teig gut durchkneten. Ca. 15 Minuten ruhen lassen. Teig halbieren und 2–3 mm dick ausrollen. Nun die zwei Platten nacheinander in 5 cm breite Streifen schneiden, diese wieder in ca. 1 cm breite Nudeln schneiden und locker auf dem Nudelbrett verteilen um sie etwa 15 Minuten zu trocknen.
4–5 mittelgroße Kartoffeln waschen und schälen. Butterfett in eine Bratreine geben und schmelzen lassen, die Kartoffeln in dünnen Scheiben direkt in die Bratreine schneiden. Salzen und mit $^{3}/_{4}$ l heißer Milch begießen. Die Nudeln nun locker darauf verteilen und im vorgeheizten Backrohr bei ca. 200 Grad etwa 40 Minuten backen. 15 Minuten vor Ende der Backzeit Rahm darübergießen und mit einem Kochlöffel umrühren.

Theresia Kurz
Frühlingstraße 3, 8387 Münchsdorf

Mohnnudeln

Teig:
750 g Mehl
40 g Hefe
etwa 300 ml Milch
2 Eier
2 TL Salz
170 g Butter
etwas Zucker

Füllung:
150 ml Milch
7 EL Mohn
50 g Butter
2 EL Zucker
1 gehäuften EL Semmelbrösel
3 EL Rum
2 EL Marmelade
2 EL gehackte Nüsse

250 g Backfett für die Reine
Rahm zum Bestreichen

Lauwarme Milch, Hefe, etwas Zucker und etwas Mehl zu einem Dampferl anrühren. Abgekühlte zerlassene Butter zugeben und in das restliche Mehl einarbeiten. Teig gut durcharbeiten und gehen lassen.
Mohn in der Milch mit Zucker und Butter unter Rühren aufkochen lassen, mit Semmelbröseln binden, nochmals aufpuffen lassen. Masse vom Herd nehmen, mit Rum, Marmelade und Nüssen verfeinern.
Backfett in der Reine zerlaufen lassen. 2 EL große Stücke vom Hefeteig abstechen, etwas ausziehen und in die Teigmitte einen EL der Mohnmasse geben, zusammenklappen, zu länglichen Nudeln formen. Nebeneinander in die Bratreine setzen.
Nochmals gut gehen lassen, dann mit Rahm bepinseln und bei ca. 175 Grad backen, bis sie hellbraun sind.

Maria Schreieder
Reuth 8, 8335 Falkenberg

Ochsenzungen

500 g Mehl
2 Eier
1 EL zerlassene Butter oder Margarine
etwas Salz
1 Becher Sauerrahm
$^1/_2$ Becher Süßrahm

Die Zutaten mit dem Knethaken zu einem glatten Knetteig verarbeiten. Dann mit dem Nudelholz auf einer bemehlten Unterlage dünn auswellen und Quadrate von 10 × 10 cm ausrädeln. Übers Eck zu einem Dreieck schlagen und die Spitze etwas andrücken. In heißem Fett auf beiden Seiten goldgelb ausbacken. Auf Küchenkrepp abtropfen lassen.
Dieses Gebäck wird zu Kartoffel- oder Gemüsesuppe gereicht.

Brigitte Sedlmeier
Klosterschwaige 2, 8353 Osterhofen

Ofenschlupfer

4–5 alte Semmeln in Scheiben
100 g Rosinen
100 g gehackte Mandeln
100 g Zucker
1 TL Zimt
1 Tasse sauren Rahm
1–2 Eier
1 TL Vanillezucker
etwas Vanillemark
etwas Muskat
Butter für die Form

Semmelscheiben in eine Auflaufform geben, mit Rosinen, Mandeln, Zucker und Zimt bestreuen.
Rahm mit Eiern, Vanillemark, Vanillezucker und Muskat verrühren und über die Semmelscheiben gießen.
Den Auflauf bei ca. 175 Grad in der Röhre goldgelb backen.

Ingrid Holzhammer
Weweckleite 13, 8359 Dorfbach

Quarknockerl

Teig:
2–3 Eier
500 g Quark
125 g Mehl
1 P. Vanillezucker

Flüssigkeit:
¹/₄ l Milch
60 g Butter
60 g Zucker

Eier, Quark, Mehl und Vanillezucker zu einer geschmeidigen Masse verrühren. Milch, Butter und Zucker zusammen in einer Auflaufform erhitzen. Mit einem Löffel Nockerl von der Quarkmasse abstechen und in die heiße Flüssigkeit legen.
Die Quarknockerl bei 175 Grad im Backofen 30 Minuten backen bis die Flüssigkeit aufgesaugt ist.
Herausnehmen und mit Puderzucker bestäuben.
Mit Vanillesoße oder Früchten servieren.

Beate Bauer

Reisauflauf

125 g Reis
3 Eier
50–70 g Weinbeeren
60 g Zucker
Milch nach Bedarf

Reis mit kochendem Wasser überbrühen, Wasser abgießen, Reis mit Milch bedeckt zu einem dicken Brei kochen, evtl. Milch nachgießen. Etwas erkalten lassen. 3 Eidotter, Weinbeeren und Zucker unterrühren, vollständig erkalten lassen. 3 Eiweiß zu steifem Schnee schlagen, unter den Reis heben. Die Masse in eine gut gefettete Springform füllen und gut 45 Minuten bei Mittelhitze backen. Mit Kompott oder Fruchtsoße zu Tisch geben.

Johann Stahlbauer
Obertattenbach 22, 8435 Bad Birnbach

Roggenmehl-Schmarrn

250 g Roggenmehl
250 g Weizenmehl
1 Becher saure Sahne
3–5 Eier
ca. $^{1}/_{2}$ l Milch zum Übergießen
Butterschmalz für die Reine

Die Zutaten zu einer krümeligen Masse verarbeiten. Auf einem Backblech zum Trocknen bei 150 Grad in den Ofen schieben. Die Krümel in eine Schüssel füllen und mit heißer Milch übergießen. Durchmischen, in eine mit Butterschmalz gut gefettete Reine geben und bei Mittelhitze backen, öfters wenden.

Mariele Hödl
Renfting 2, 8395 Hauzenberg

Rottnudeln

500 g Roggenmehl
250 g Weizenmehl
40 g Hefe
1 Prise Zucker
etwas Salz
$^{1}/_{4}$ l Rahm
ca. $^{1}/_{4}$ l warmes Wasser
2 Eier

Angegebene Zutaten zu einem festen Hefeteig verarbeiten, den man gut kneten kann. Zugedeckt ca. 1 Stunde im warmen Raum gehen lassen, dann nochmals durchkneten.
Ca. 5 mm dick auswellen und ovale Fleckerl ausradeln.
In sehr heißem Fett backen. Die fertigen Nudeln müssen innen hohl sein.

Mathilde Juli
Moosstraße 13, 8341 Julbach

Rupfhauben

500 g Mehl
etwas Wasser
etwas Salz
1 Tasse Quark
1 Ei

2 EL Zucker
2 EL Butter
ca. 1/4 l Milch
Zimtzucker

Mehl, Quark, 1 EL Butter, Ei, etwas Salz und Wasser zu einem nicht zu festen Nudelteig verarbeiten. Kleine Bällchen abstechen und handgroße Fladen ausrollen.
Milch ca. 3 cm hoch in einen Topf mit großem Durchmesser gießen und aufkochen lassen. 1 EL Butter und Zucker zufügen.
Nochmals aufkochen lassen. Teigfladen in der Mitte anheben und wie Hauben aneinander in die kochende Milch setzen.
Etwa 20 Minuten bei geschlossenem Topf backen lassen, bis die Milch eingezogen ist. Je nach Geschmack mit Zimtzucker überstreuen oder mit Kompott zu Tisch geben.

Gerhard Skotnitzki
Josef-Kircher-Straße 23, 8360 Deggendorf

Schwarzbrot-Auflauf

200 g geriebenes trockenes Schwarzbrot
120 g Zucker
70 g geriebene Schokolade
4 Eier
1 MSP Backpulver
1/4 l Rotwein
je 1/2 MSP Nelken, Zimt, Zitronenschale

Das geriebene Brot mit den Gewürzen vermischen und mit 6 EL Rotwein tränken. Eigelb und Zucker schaumig rühren. Die geriebene Schokolade, die angefeuchtete Brotmasse und das Backpulver vermengen. Eiweiß zu Schnee schlagen, unterheben und die Masse in eine gut gefettete Auflaufform füllen.
Bei mäßiger Hitze backen. Restlichen Wein mit Zucker nach Geschmack und etwas Wasser erhitzen und als Soße dazu reichen.

Regina Schanzer
Holzbach 4, 8399 Fürstenzell

Schoarnbladl

250 g Schoarnbladl (vom Bäcker)
4 Eier
Butter
Salz

Schoarnbladl in Salzwasser etwa 5 Minuten nicht zu weich kochen lassen, Wasser abgießen, gut abtropfen lassen.
Eier verquirlen und in der zerlassenen Butter stocken lassen. Schoarnbladl dazugeben und gut verrühren. Ein paar Minuten durchziehen lassen.

Sieglinde Robl
Unterried 1, 8371 Drachselsried

Saure Nudl

250 g Mehl
15 g Butter
1 Ei
1/8 l lauwarmes Wasser
etwas Salz
1 Bund Schnittlauch
Salz, Pfeffer
Essig, Öl

Mehl, Butter, Ei, Wasser und Salz zu einem geschmeidigen Nudelteig verarbeiten. Auf einem mit Mehl bestäubten Nudelbrett eine ca. 5 cm dicke Rolle formen. In Stücke von ca. 6 cm Länge schneiden, diese mit dem Nudelholz zu sehr dünnen Fladen ausrollen und anschließend mit einem scharfen Messer in 4–5 mm breite Streifen schneiden. In einem großen Topf Salzwasser zum Kochen bringen. Nudeln darin unter öfterem Umrühren langsam garen.
Abseihen und abkühlen lassen. Nudeln in einer Schüssel mit Wasser, Essig, Öl, Salz und Pfeffer vermischen, abschmecken und mit frischen Schnittlauchröllchen garnieren.

Maria Ruderer
Fraunhoferstr. 3, 8350 Plattling

Sieben-Minuten-Nudeln

2 Eier
6 EL Zucker
12 leicht gehäufte EL Mehl
$^1/_2$ P. Backpulver
1 EL Schmalz
$^1/_4$–$^1/_2$ l Milch

In einem Topf mit großem Durchmesser fingerhoch Milch und Schmalz erhitzen. Eier und Zucker schaumig rühren, Mehl und Backpulver unterziehen. Mit einem Löffel Nocken abstechen und in die heiße Milch einlegen. Etwas Abstand lassen, die Nocken werden sehr groß. Gut passenden Deckel auflegen. Nach dem Aufkochen sieben Minuten ziehen lassen. Vorsichtig den Deckel abnehmen, damit nichts hineintropft.
Dazu paßt Eingemachtes oder Kaffee.

Kathrin Ambros
Harbach 25, 8353 Osterhofen

Struwanzl

$^1/_2$ l Milch
2 Eier
20 g Hefe
2 EL Zucker
320 g Mehl
1 Prise Salz
Butterschmalz zum Backen
Zimtzucker oder Puderzucker

Milch, Eier, Hefe und Zucker verrühren, Mehl und Salz zufügen. Diesen Pfannkuchenteig an einen warmen Ort zum »Gehen« bringen. Butterschmalz in einer Pfanne erhitzen. Teig löffelweise wie kleine Puffer backen.
Nach Geschmack mit Zimtzucker oder Puderzucker bestreuen.

Brigitte Kopp
Königsfeld 6, 8393 Freyung

Taubenkröpferl

500 g Mehl
30 Hefe
50 Zucker
1/4 l lauwarme Milch
40 g Butter
2 Eier
1 Prise Salz

80 g Butter für die Form
3–4 Eier zum Übergießen

Hefeteig herstellen und schlagen, bis er Blasen wirft.
Ca. 30 Minuten gehen lassen. Backrohr auf 200 Grad vorheizen. In der Bratreine Fett zerlassen. Aus dem Teig etwa 50 g schwere Kugeln formen, nebeneinander in die Form setzen.
Ca. 30–40 Minuten backen. Kurz vor Ende der Backzeit mit den verquirlten Eiern übergießen und im Rohr noch einige Minuten überbacken lassen.

Franziska Burner
Piering 1, 8348 Wittibreut

Topfenschmarrn

250 g Topfen
70 g Mehl
1/8 l Milch
3 Eidotter
3 Eischnee
90 g Zucker
40 g Butter
30 g Rosinen
Vanillemark

Topfen mit Milch, Mehl, Dottern, Vanillemark und Zucker sorgfältig verrühren. Eischnee und Rosinen untermengen. Butter in einer Pfanne erhitzen. Teig in Portionen einfüllen und bei mäßiger Hitze goldgelb backen. Der Topfenschmarrn wird vor dem Anrichten mit zwei Gabeln in Stücke gerissen.

Magarete Schurm
Obermühle 1, 8396 Wegscheid

Topfenstriezel

1 kg Mehl
50 g Hefe
Milch
Salz
1 EL Butterschmalz
500 g Topfen
2 Eier
$1^1/_2$ EL Zucker

Aus den Zutaten einen mittelfesten Hefeteig herstellen, Teig nicht kneten. 1–2 Stunden gehen lassen, drei dicke Rollen daraus formen, etwa zweifingerbreite Stücke davon abschneiden und kurz mit einem Tuch bedeckt gehen lassen.
Mit einem Teigschaber in der Mitte einstechen und längliche Striezel formen. Sofort in das mäßig heiße Backfett geben und langsam backen. Wenn die Unterseite braun ist, wenden.

Ortrun Kühlewein
Amt für Landwirtschaft Landshut

Uromas Rahmauflauf

4 EL Zucker
4 Eidotter
4 EL saure Sahne
70 g Mehl
1 Tasse kochende Milch
Schnee von 4 Eiweiß

Zucker mit den Eidottern schaumig rühren, sauren Rahm darunter geben, Mehl unterheben. Mit einer Tasse kochender Milch aufgießen. Eischnee langsam unterheben. Bei 175 Grad ca. 30–40 Minuten backen.

Maria Dobler
Haasen 3, 8359 Haarbach

Verfaulte Erdäpfel

500 g Weizenmehl
$^1/_2$ l Milch
40 g Hefe
1 Prise Salz
2 Eier

2 EL Schmalz
ca. 250 g Dörrzwetschgen
Backfett

8 verquirlte Eier

Weizenmehl, Milch, Hefe, Salz, Eier und Schmalz zu einem mittelfesten Hefeteig verarbeiten, gehen lassen. Etwa eiergroße Portionen abstechen, in der hohlen Hand zu kleinen Knödeln formen. Diese auseinanderziehen und mit den feingewiegten Dörrzwetschgen füllen, zusammenklappen und nochmals formen.
Gehen lassen, dann in heißem Fett ausbacken.
In den verquirlten Eiern wenden und nochmals in Fett backen.

Marianne Ströber
Lohen 49, 8261 Halsbach

Wasserschnittl

1 einen Tag alten Weißbrotwecken
250 g Mehl
1 Prise Salz
3 Eier
$^1/_4$ l Milch
ca. 1 l kochendes Wasser
etwas zerlassene Butter
Schnittlauchröllchen

Aus Mehl, Salz, Eiern und Milch einen etwas dickeren Pfannkuchenteig rühren. Weißbrot in Scheiben schneiden, durch den Pfannkuchenteig ziehen, ins kochende Wasser legen.
Wenn der Teig dick genug ist, bleibt er an den Scheiben haften. Die Weißbrotscheiben einige Minuten kochen, aus dem Wasser nehmen und sofort auf eine Platte legen. Mit heißer zerlassener Butter übergießen und mit Schnittlauch bestreuen. Sofort servieren.

Anna Probst
Regener Straße 2, 8371 Langdorf

Zimtnudeln nach Mamas Art

500 g Mehl
1 Prise Salz
40 g Hefe
ca. 1/4 l Milch
2 Eigelb
50 g weiche Butter
70 g Zucker
Rosinen nach Belieben

Butterschmalz zum Backen

4–6 Eier
Zimtzucker

Aus Mehl, Salz, Hefe, lauwarmer Milch, Eigelb, Butter, Zucker und Rosinen einen Hefeteig bereiten. Gehen lassen, auf einem bemehlten Brett zu einer Rolle formen und ca. 2 cm breite Stücke abschneiden.
In der hohlen Hand abdrehen, auf einem bemehlten Brett mit einem Tuch abgedeckt an einem warmen Ort ruhen lassen.
Butterschmalz erhitzen. Die gegangenen Nudeln mit einem scharfen Messer halbieren und im heißen Fett ausbacken.
Auf einem Küchengitter abtropfen lassen.
Eier verquirlen, die gebackenen Nudeln kurz darin wenden, nochmals kurz in Fett backen.
Auf Küchenpapier abtropfen lassen und noch warm in Zimtzucker wenden.

Erna Haller
Gewerbestraße 8, 8391 Salzweg

Zwetschgenbavesen

Teig:
150 g Mehl
2 Eier
1 Prise Salz
1 EL Zucker
1/4 l Milch

Fülle:
500 g Dörrzwetschgen
50 g Zucker
1 MSP Nelken
etwas Zimt
50 g geriebene Mandeln
50 g Zitronat und Orangeat gemischt

6–8 alte Semmeln
etwas Milch zum Eintauchen
Backfett
Zimtzucker

Dörrzwetschgen weich kochen, entkernen und klein schneiden. Nelken, Zimt, Zucker, Mandeln, Zitronat und Orangeat zufügen und gut vermischen. Semmelrinde abreiben, Semmeln in Scheiben schneiden und mit der Zwetschgenfülle auf einer Seite bestreichen. Je zwei Semmelscheiben zusammensetzen, in Milch eintauchen. Pfannkuchenteig aus Mehl, Eiern, Salz, Zucker und Milch rühren, Zwetschgenbavesen darin wenden. In heißem Fett schwimmend backen, abtropfen lassen und mit Zimtzucker bestreuen.

Martha Blank
Burgerstraße 29, 8261 Winhöring

Fleischspeisen

Schweinskarree im Speckmantel ➛

Aufgeschmalzene Brotsuppe mit gekochten Schweinerippchen

2 kg frische, fleischige Schweinerippchen
nach Belieben 1 Stückchen Rindermilz
3–4 l Wasser
reichlich Wurzelwerk
Petersilie, Schnittlauch
etwas Liebstöckl, Salz
ca. 10 Pfefferkörner

ca. 1 Pfund altes Brot
1 Pfund Zwiebeln
Schweinefett, Butter
Schnittlauch
1 Becher Sauerrahm

Schweinerippchen, Rindermilz nach Belieben, Wurzelwerk, Petersilie, Schnittlauch, Liebstöckl, Salz und Pfefferkörner in kaltem Wasser zusetzen, rasch zum Kochen bringen, evtl. entstehenden Schaum abschöpfen, Hitzezufuhr vermindern und langsam gar kochen (ca. 1–1½ Stunden).
In der Zwischenzeit das alte Brot in feine Scheiben schneiden und in eine tiefe Schüssel geben.
Zwiebeln in feine Ringe schneiden und im Schweineschmalz-Butter-Gemisch braun anrösten.
Wenn sich das Fleisch leicht von den Rippchen löst, die Brühe abgießen, abschmecken und über das Brot gießen. Etwas Brühe zurücklassen. Die Zwiebelringe über die Brotsuppe verteilen und mit reichlich Sauerrahm und Schnittlauch garnieren.
Die Rippchen in restlicher heißer Brühe dazu reichen.

Rita Sonnleitner
Rottersham 3, 8399 Ruhstorf

Apfelnieren

500 g Nieren
250 g kleingeschnittene Äpfel
250 g gewürfelte Zwiebeln
50 g Butter
ca. 50 g Mehl
$^1/_8$ l Apfelsaft
Salz, Pfeffer
Zucker, Petersilie

Nieren häuten, waschen, in Scheiben schneiden. In zerlassener Butter andünsten, nacheinander Äpfel und Zwiebeln zugeben. Mehl darüber streuen, mit Apfelsaft aufgießen. Mit Salz, Pfeffer, Zucker und Petersilie nach Geschmack würzen. Ca. 15 Minuten garen.

Gertraud Gartmeier
Schönbichlerstraße 8, 8261 Reischach

Bauernbratl

1 kg Halsgrat oder Wammerl
2 Zwiebeln
1,5 kg Kartoffeln
1 Brühwürfel
3 EL Schweineschmalz
Mehl zum Binden
Salz, Pfeffer, Kümmel

Fleisch mit Salz, Pfeffer und Kümmel einreiben. Zwiebeln in heißem Schmalz anrösten, Fleisch zugeben und kräftig anbraten. Ins vorgeheizte Backrohr schieben und bei 200 Grad 1 Stunde braten. Gelegentlich etwas Wasser zugießen.
Kartoffeln schälen und vierteln. Nach 1 Stunde Bratzeit das Fleisch aus dem Bräter nehmen, Soße mit Salz und Brühwürfel abschmecken und mit Mehl binden. Dann das Fleisch wieder in die Reine legen. Geviertelte Kartoffeln rundherum verteilen. Eine weitere Stunde braten, bis die Kartoffeln eine braune Kruste haben.

Sissi Eder
Unghauser Straße 32 a, 8263 Burghausen

Bayerische Leberwürste

4 kg Schweinefleisch vom Kopf
0,8 kg Schweineleber
1,2 l Fleischbrühe

Gewürze je kg Gesamtmasse:
22 g Salz
1 Zwiebel
2 g Pfeffer
1 g Piment
0,5 g Kardamom
0,5 g Ingwer
2 g Majoran
2 g Petersilie
küchenfertig vorbereitete Därme

Schweinefleisch kochen und entbeinen. Fleisch und Leber mit Zwiebeln durch den Fleischwolf drehen. Brühe und Gewürze zugeben und abschmecken, gut durcharbeiten. In vorbereitete Därme füllen (mit einem Trichter) und bei schwacher Hitze 30 Minuten in Wasser ziehen lassen.

Christine Schönhofer
Uttigkofen 39, 8359 Aldersbach

Bayerisches Rindfleisch

500–750 g Zwerchrippe
30 g Speck
Salz

1/4 Sellerieknolle
1–2 gelbe Rüben
1 Petersilienwurzel
Basilikum
1/2 l Vollmilch
1/2 l Buttermilch

Zuckereinbrenne:
15 g Fett
1/2 TL Zucker
20 g Mehl
3/8 l Flüssigkeit
2–4 EL Sauerrahm

Fleisch waschen, spicken, salzen, mit kalter Milch, fein gewiegtem Wurzelwerk und Basilikum in einem gut schließenden Topf zusetzen. Köcheln lassen, bis die Milch eingekocht ist (ca. 2 Stunden).

Für die Einbrenne Fett erhitzen, Zucker und Mehl darin bräunen, Flüssigkeit aufgießen, aufkochen. Zum Fleisch geben und noch ca. 15 Minuten mitkochen lassen. Mit Rahm verfeinern.

Liselotte Schuhbauer
Haselbach 10, 8343 Triftern

Beinscheiben in Biersoße

1 Rinderbeinscheibe pro Person
2 Zwiebeln
einige Knoblauchzehen
2 gelbe Rüben
$^{1}/_{4}$ Sellerieknolle
Salz, Pfeffer
50 g Mehl
30 g Fett
3 Lorbeerblätter
$^{1}/_{4}$ l helles Bier
2 EL Tomatenpüree
Basilikum, Oregano
1 Prise Zucker
Petersilie
abgeriebene Zitronenschale

Beinscheiben salzen, pfeffern, in Mehl wenden und auf beiden Seiten gut anbraten. Gehackte Zwiebeln und Knoblauchzehen mitrösten, gewürfelte gelbe Rüben und Sellerie zugeben und mit Bier und Wasser aufgießen. Tomatenpüree einrühren, mit Lorbeer und übrigen Gewürzen abschmecken. Beinscheiben weich kochen und nach Geschmack würzen.
Vor dem Servieren mit gehackter Petersilie und abgeriebener Zitronenschale garnieren.

Ludwig Bayerl
Zeintlmühler Straße 2, 8399 Ruhstorf-Sulzbach

Bierkutscherpfandl

600 g geschnetzelte Schweinelende
2 gewürfelte Zwiebeln
4 EL Speck in Streifen
1/2 TL Thymian
1/2 l Bier
1/2 l Bratensoße
Sahne

Geschnetzelte Schweinelende mit gewürfelten Zwiebeln und Speck anbraten lassen, mit Thymian würzen. Mit Bier aufgießen und einkochen lassen. Mit Bratensoße und Sahne verfeinern.

Georg Hutter
Hauptstraße 17, 8261 Teising

Bratwurst

1/2 kg Schweinehals
2 kg Schweinebauch
ca. 50 g Salz
5 g Pfeffer
2 g Majoran
2 g Piment
10 g Bratwurstgewürz mit Zitrone
küchenfertig vorbereitete Naturdärme
Fett zum Braten

Fleisch durch den Wolf drehen bei mittelgrober Scheibe. Würzen und gut durcharbeiten. In vorbereitete Därme füllen (mit Trichter) und ca. 10–12 cm lange Würste abdrehen.
Würste in der Pfanne in heißem Fett braten.

Rosina Irlesberger
Höhenberg 2 1/4, 8392 Waldkirchen

Deftiger Eintopf

4 EL Öl
200 g Zwiebelringe
200 g grob gehacktes Rind- und Schweinefleisch
Salz, Pfeffer, Rosmarin
800 g rohe Kartoffelscheiben
100 g grüne Paprikastreifen
4 große saure Gurken in Scheiben
1 EL Dill, gehackt
1/4 l Fleischbrühe
1/4 l Sauerrahm

In heißem Öl gut die Hälfte der Zwiebelscheiben andünsten. Das Fleisch mit Salz, Pfeffer und Rosmarin würzen und zu den Zwiebeln in einen hohen Topf geben. Unter Umrühren leicht köcheln lassen. Darauf Kartoffelscheiben, Paprikastreifen, die restlichen Zwiebeln, Dill und Gurkenscheiben legen.
Den Abschluß bildet eine Schicht Kartoffeln. Die kochende Fleischbrühe und Sauerrahm darübergießen.
Topf zudecken und in die ca. 200 Grad heiße Bratröhre schieben.

Magarethe Baithel
Memelstraße 17, 8390 Passau

Erdäpfel vom Loawischmied

500 g Schweinehalsgrat
200 g Zwiebeln
1 kg Kartoffeln
1 Bund Petersilie
1 EL Schweineschmalz
$^{3}/_{4}$ l Fleischbrühe
1 Becher saure Sahne
2 TL Salz

Fleisch und Kartoffeln würfeln, Zwiebeln kleinschneiden. Schmalz in eine Bratreine geben. Kartoffeln, Fleisch, Zwiebeln und Petersilie abwechselnd einschichten. Fleischbrühe darübergeben, salzen und pfeffern. Im vorgeheizten Rohr bei 225 Grad backen, bis die Fleischbrühe verdampft ist. Sauerrahm darübergießen und goldgelb werden lassen.

Erika Haslinger
Breslauer Straße 21, 8266 Töging

Falscher Wildschweinbraten

750–1000 g mageres Schweinefleisch
50 g Butterschmalz
1 Zwiebel

Wurzelwerk:
1/4 Knolle Sellerie
1 gelbe Rübe
1 Petersilienwurzel
1 Stange Lauch

1 EL Mehl
1/8 l Sauerrahm
1 EL Preiselbeeren
1/8 l Rotwein

Beize:
1/2 l Wasser
6 Pfefferkörner
ca. 5 Nelken, in eine Zwiebel gesteckt
2 Lorbeerblätter
2 Wacholderbeeren
6–8 EL Essig
Salz

Beize mit allen Zutaten aufkochen und heiß über das Fleisch gießen.
3 Tage kühl stehen lassen und ab und zu wenden.
Fleisch aus der Beize nehmen und mit Küchenpapier trocknen.
In Butterschmalz auf allen Seiten anbraten.
Zwiebel und Wurzelwerk mitbraten lassen, Rotwein und einen Teil der durch ein Sieb gegossenen Beize zugeben.
Bei ca. 200 Grad 1–1 1/2 Stunden im Rohr braten.
Garen Braten aus der Soße nehmen, heiß stellen. Bratenansatz lösen, aufkochen, durchseihen, mit Mehl und Sauerrahm binden, abschmecken und mit Preiselbeeren verfeinern.

Franziska Wittmann
Haidenkofen 12, 8357 Wallersdorf

Gebackenes Sauerkraut

500 g Sauerkraut
100 g Fett
2 Eier
60 g Mehl
$^1/_8$ l Rahm
2 MSP Salz
1 kleine MSP Muskatnuß
$^1/_8$ l Weißwein
$^1/_8$ l Wasser
250 g geräucherter Schinken
2 EL Milch

Sauerkraut mit Fett, Wein, Wasser kochen. Schinken in feine Streifen schneiden. In eine gefettete Auflaufform je eine Lage Sauerkraut und eine Lage Schinken legen.
Mehl mit Eidotter, Milch, Salz, Muskatnuß und Rahm verrühren. Das zu Schnee geschlagene Eiweiß unterheben. Diese Masse über das Sauerkraut geben und ca. 45 Minuten bei mäßiger Hitze im Backofen hellbraun backen.

Johann Stahlbauer
Obertattenbach 22, 8345 Bad Birnbach

Gefüllte Kalbsbrust

1,5 kg Kalbsbrust
1 Zwiebel
50 g Fett
1 Bund Wurzelwerk
Salz, Pfeffer

zum Binden:
$^{1}/_{8}$ l Weißwein
6 EL Sauerrahm
ca. 30 g Stärkemehl

Fülle:
3–4 geschnittene alte Semmeln
$^{1}/_{4}$ l warme Milch
3 Eier
Salz
1 Zwiebel
2 EL Fett
2 EL gehackte Petersilie

Für die Fülle Semmeln mit warmer Milch übergießen und mit Eiern vermengen. Zwiebel fein hacken, in Fett andünsten und mit der Petersilie zur Semmelmasse geben. Alles gut durchmischen.
Tasche in Kalbsbrust schneiden, innen und außen mit Salz und Pfeffer einreiben. Die Fülle in die Fleischtasche geben und verschließen. Auf allen Seiten gut anbraten. Zwiebelwürfel und Wurzelwerk mitdünsten. Mit wenig Flüssigkeit aufgießen.
Im vorgeheizten Backofen bei ca. 200 Grad etwa $1^{1}/_{2}$ Stunden braten.
Mit Weißwein, Sauerrahm und Speisestärke binden und abschmecken.

Maria Hofer
Obergrasensee 5, 8340 Pfarrkirchen

Gefüllte Kirtagans

1 Gans
Salz und Pfeffer
1 l kochendes Wasser

Fülle:
2–3 Semmeln in Scheiben
1 Tasse geriebene Walnüsse
1 geriebener Apfel
1 Sträußlein gehackter Beifuß
Petersilie
Salz, Pfeffer, Muskat
2 EL Gansgrammeln (Grieben)
2 Eier
Herz und Magen der Gans durchgedreht
1–2 EL Meerrettich

Küchenfertige Gans innen und außen mit Pfeffer einreiben. Für die Fülle die angegebenen Zutaten gut vermischen. Die Masse in die vorbereitete Gans füllen, verschließen. Gans in der Bratreine mit kochendem Wasser zusetzen. Im vorgeheizten Backrohr bei ca. 220 Grad etwa 2 Stunden braten (Bratdauer je nach Größe). Mehrmals wenden und bei Bedarf mit kochendem Wasser aufgießen. Bratenansatz lösen und abschmecken.

Maria Jahnstorfer
Deggendorfer Straße 51, 8351 Moos

Gefüllter Gänsehals

Gänsehälse
1 Gänseleber ohne Galle
1 kg Schweine- oder Kalbfleisch
500 g Speck
2 Semmeln
1 gehackte Zwiebel
Salz, Pfeffer
Semmelbrösel
etwas Trüffeln
Majoran
Brühe oder Salzwasser zum Kochen

Haut von Gänsehälsen sorgfältig und ohne sie einzureißen, abtrennen. An einem Ende zunähen und mit folgender Farce füllen: Gänseleber mit Schweine- oder Kalbfleisch und Speck durch die Fleischmaschine drehen, dann mit den eingeweichten, gut ausgedrückten Semmeln und Semmelbröseln nach Bedarf mischen. Mit Zwiebelwürfeln, Salz, Pfeffer, Majoran und den fein gehackten Trüffeln zu einem geschmeidigen Teig verarbeiten.
Füllung nicht zu straff in die Gänsehälse stopfen und diese zunähen. In Salzwasser oder Brühe aufkochen und gar ziehen lassen. Gänsehälse abtropfen und auskühlen lassen und in Scheiben geschnitten anrichten.

Christa Höfler
Glotzing 2, 8391 Untergriesbach

Gefüllte Schweineschnitzel

8 dünne Schweineschnitzel
125 g feine Leberwurst
100 g Essiggurken
Semmelbrösel und Mehl zum Wenden
1 Ei
100 g Fett

Schweineschnitzel leicht klopfen und nebeneinanderlegen. Mit Salz und Pfeffer würzen. Leberwurst mit gewürfelten Essiggurken mischen und auf die Schnitzel streichen. Aufrollen und mit einem Holzspieß zusammenstecken. In Mehl, verquirltem Ei und Semmelbröseln nacheinander wälzen. Die so panierten Schnitzelröllchen in heißem Fett und unter mehrmaligem Wenden knusprig braten.

Anneliese Berreiter
Unghausen 10, 8261 Mehring

Geräuchertes in Rahm

1 kg mageres geräuchertes Schweinefleisch
1 Becher Sauerrahm
2 EL Mehl

Sud:
1 l Wasser
1 kleine Zwiebel in Ringen
1 Lorbeerblatt
2 MSP süßen Paprika
2 MSP Kümmel
2 MSP Pfeffer
1/2 Brühwürfel

Sud aus Wasser, Zwiebel und Gewürzen ansetzen, Schweinefleisch darin ca. 1 Stunde köcheln lassen. Sud abseihen und abschmecken. Mehl mit Sauerrahm verrühren und mit dem Schneebesen in den Sud einrühren. Unter ständigem Rühren aufkochen und gar ziehen lassen. Mit Paprika und Pfeffer abschmecken.

Manuela Kaiser
Görlitzer Straße 30, 8390 Passau

Geräuchertes mit Quarkguß

500 g Rauchfleisch in Würfeln
500 g gekochte Kartoffeln in Würfeln
1 Zwiebel
1 Bund gehacktes Suppengrün

Guß:
500 g Quark
100 g Mehl
3 Eier
30 g Butter
$^1/_8$ l Sauerrahm

Bratreine mit Butter fetten. Eine Lage gekochte Kartoffelwürfel einschichten. Salzen, Suppengrün und Zwiebelwürfel darüber streuen. Rauchfleisch darauf verteilen und mit einer weiteren Lage Kartoffeln belegen.
In einer Schüssel Quark mit Mehl, Eiern, Butter und Sauerrahm zu einem dickflüssigen Brei verrühren.
Schwach salzen und über die Kartoffelschicht gießen.
Ca. $^1/_2$ Stunde bei Mittelhitze backen.
Im Sommer Salat und im Winter Sauerkraut dazu reichen.

Elsa Graf
Ulrichsreut 26, 8391 Röhrnbach

Gickerlroulade

1 frisch geschlachtetes Hähnchen
(ca. 1300–1500 g)
125 g Hackfleisch
Salz, Pfeffer, Kräuter nach Belieben
1 dünner Pfannkuchen
2 Essiggurken in Würfeln
Tomatenpaprika in Streifen
50 g Butterschmalz
1/4 l Wasser
Salz, Pfeffer
Butter zum Bestreichen
Hähnchengewürz
Stärkemehl und Sahne zum Binden

Hähnchen mit scharfem Messer der Brust entlang aufschneiden, aufklappen. Schenkel an der Innenseite aufschneiden und Knochen auslösen. Hackfleisch mit Salz, Pfeffer und Kräutern würzen, auf das gesalzene Hähnchenfleisch streichen. Mit dem Pfannkuchen belegen. Gehackte Gurke und Paprikastreifen darüber geben.
Zusammenrollen und mit Bindfaden umwickeln. Mit Butter bestreichen und mit Hähnchengewürz bestreuen.
In heißem Butterschmalz auf allen Seiten anbraten. Wasser aufgießen. Im Bratrohr bei 200 Grad ca. 1 Stunde braten.
Soße mit Stärkemehl und Sahne binden.

Marianne Ströber
Lohen 49, 8261 Halsbach

Knöcherlsulz

4 Schweinsfüße
1 Schweinsohr
1 Rüssel
2 Zwiebelhälften
4 Nelken
1 Lorbeerblatt
1 Zitronenscheibe
Salz und Pfefferkörner

Die gewaschenen Fleischstücke in so viel kaltem Wasser zusetzen, daß alle Teile gut bedeckt sind. Salz und Pfefferkörner sofort beigeben, die mit Nelken gespickten Zwiebelhälften, das Lorbeerblatt und die Zitronenscheibe erst nach einer Stunde Kochzeit zufügen. Nicht zu stark aufkochen lassen, damit eine klare Brühe entsteht.

Sobald sich das Fleisch von den Knochen ablösen läßt, Sud abgießen. Fleisch portionieren und in Suppenteller legen. Abgeseihte Brühe abschmecken und so weit erkalten lassen, daß man die Fettaugen abschöpfen kann. Brühe über die Knöcherl im Teller gießen. Mit Zwiebelringen und Petersilie garnieren. Kalt stellen.

Hans Zechmeister
Brucknerstr. 43, 8263 Burghausen

Kernfleisch mit Wurzeln

1 kg ausgelösten Schweinehals
2 Zwiebeln
2 Stangen Lauch
2 gelbe Rüben
1 kleine Sellerieknolle
1 Lorbeerblatt
4 Pfefferkörner
4 Wacholderbeeren
2 Nelken
etwas Essig
200 g frisch geriebener Meerrettich
gehackte Petersilie
Salz, Pfeffer
etwas Muskat

Schweinehals in kaltem Wasser zusetzen, kochen lassen, abschäumen, mit Salz abschmecken. Die Zwiebeln und das Gemüse zugeben. Leicht mit Essig säuern und alles ca. 1½ Stunden köcheln lassen.
Fleisch herausnehmen, in Scheiben schneiden und auf einer Platte anrichten. Gemüse aus der Brühe nehmen und mit dem frisch geriebenen Meerrettich über das Fleisch verteilen. Etwas Brühe darübergießen und mit Salz, Pfeffer und Muskat abschmecken, mit gehackter Petersilie bestreuen.

Christine Köstlmeier
Luiflikerweg 3, 8373 Kirchberg

Lammschulter in Dillrahm

1 Lammschulter
1 Bund Dill
2 Knoblauchzehen
etwas scharfen Senf
Salz, Pfeffer
Wasser und etwas Weißwein
1 Becher Sauerrahm
Mehl zum Binden

Lammschulter enthäuten und mit gehacktem Dill, zerdrückten Knoblauchzehen, Senf, Salz und Pfeffer einreiben. In heißer Butter im Schmortopf anbraten und mit Wasser und Wein aufgießen. Zugedeckt etwa 1–1½ Stunden schmoren lassen. Soße mit Sauerrahm und Mehl binden und mit etwas frischem Dill abschmecken.

Hedwig Hirtreiter
Burgstraße 45, 8446 Mitterfels

Leberkäse

3 kg Schweinefleisch
400 g Schweineleber
250 g gekochte, sehr feste Speckwürfel
3 Eier
3 Zwiebeln
Salz, Peffer
Majoran, Basilikum, Kümmel nach Geschmack

Fleisch, Speckwürfel und Leber mit der Zwiebel zweimal durch den Fleischwolf drehen. Mit Salz, Pfeffer und übrigen Gewürzen abschmecken, ein Ei und zwei Eiweiß untermengen. Teig zu einer geschmeidigen Masse gut verkneten. In gefettete Formen füllen und mit 2 verquirlten Eigelb bestreichen. Bei Mittelhitze etwa 2–2½ Stunden im Rohr backen.
Sollten sich Blasen bilden, so sticht man den Leberkäse öfters an.

Johann Pleischl
Hauptstraße, 8441 Atting

Mostbraten

1½ kg Schweineschulter oder -nacken
Salz, Pfeffer
2 Zwiebeln
2 EL Essig
Most nach Bedarf
4 Lorbeerblätter
6 Wacholderbeeren
Schale einer halben Zitrone
Kümmel, Pfefferkörner
Schwarzbrotbrösel
Meerrettich
750 g geschälte Kartoffeln
3 gelbe Rüben

Fleisch salzen, pfeffern und in etwas Fett anbraten.
Zwiebelwürfel zugeben und mitbräunen. Fleisch mit Kümmel bestreuen und mit Essig und Most aufgießen. Lorbeerblätter, Wacholderbeeren, geriebene Zitronenschale und Pfefferkörner zugeben. Schwarzbrotbrösel einstreuen und bei ca. 200 Grad im Rohr garen. Nach 30 Minuten Kartoffeln und gelbe Rüben in dicken Scheiben zugeben. Mit Most und Wasser nach Bedarf aufgießen, fertig garen.
Das in Scheiben geschnittene Fleisch auf einer Platte mit Kartoffeln und gelben Rüben anrichten, mit frisch geriebenem Meerrettich bestreuen.
Soße abschmecken und getrennt dazu reichen.

Ludwig Bayerl
Zeintlmühler Straße 2, 8399 Ruhstorf-Sulzbach

Niederbayerischer Sauerbraten

Essigbeize:
$^3/_4$ l Wasser
$^1/_4$ l Weinessig
1 EL Salz
3 Lorbeerblätter
4 Wacholderbeeren
6 Pfefferkörner
1 Zwiebel
$^1/_2$ Karotte
1 Stück Sellerie

1 kg Rindfleisch
(Rosenspitz, Schulter, Rose)
30 g Fett
$^3/_8$ l Brühe
$^1/_8$ l Beize
1 Stück Brotrinde
1–2 Essigzwetschgen

Einbrenne:
30 g Fett
10 g Zucker
40 g Mehl
$^3/_8$ l Bratenflüssigkeit
4 EL Rahm
etwas Rotwein

Beize im Dampfdrucktopf vorkochen, Fleisch in die heiße Beize einlegen und ca. 30 Minuten auf Stufe 2 kochen lassen, abdampfen. Fleisch mit Fett in die Bratreine geben. Im Rohr bei 220 Grad ca. $1^1/_2$ Stunden gar braten, dabei nach Bedarf mit Brühe und Beize aufgießen. 1 Brotrinde und Essigzwetschgen zugeben. In der Zwischenzeit Zuckereinbrenne aus den angegebenen Zutaten herstellen und 10 Minuten kochen lassen. Fleisch in Scheiben schneiden und mit der Einbrenne übergießen.

Ortrun Kühlewein
Amt für Landwirtschaft, Landshut

Niederbayerisches Kümmelfleisch

500–750 g Schweinefleisch
1 gehackte Zwiebel
Fett, Salz
1 EL Kümmel
1/2 Tasse Schwarzbrotbrösel
1 Glas Bier
1/2 Tasse Sauerrahm
Suppenwürze

Fleisch in gleichmäßig große Würfel schneiden. Mit den Zwiebelwürfeln in Fett kurz anbraten, Salz und reichlich Kümmel zufügen. Mit einem Glas Bier aufgießen. Schwarzbrotbrösel zugeben und Fleisch langsam zugedeckt garen. Gelegentlich mit Wasser oder Fleischbrühe nachgießen. Mit Suppenwürze und Sauerrahm abschmecken.

Emmy Jallot
Avenue de Villars, 78150 Le Chesnay, France

Ochsenfleisch mit Wein

ca. 3 kg zartes Ochsenfleisch
5–6 Kalbsfüße
Rotwein
Zwiebeln und Schalotten

Beize:
3/4 l Wasser
3/4 l Essig
2 Zwiebeln
12 Wacholderbeeren
8 Nelken
6 Lorbeerblätter

Aus den angegebenen Zutaten Beize herstellen. Ochsenfleisch 2 Tage in Beize legen. Herausnehmen und mit den Kalbsfüßen in einen großen Topf schichten. Mit soviel rotem Wein übergießen, bis das Fleisch bedeckt ist. Zwiebeln und Schalotten in Ringen zugeben. Fleisch ca. 3 Stunden kochen lassen, Soße mit Beizflüssigkeit abschmecken. Fleisch herausnehmen, etwas abkühlen lassen und in Scheiben geschnitten servieren

Magarete Meisl
Breslauer Straße 1, 8354 Metten

Perlhuhn

1 küchenfertiges Perlhuhn (ca. 1 kg)
60 g Butter
Salz, Pfeffer

Soße:
1 Perlhuhnleber
20 g Butter
4 entsteinte eingeweichte Backpflaumen
20 g Orangeat oder
2 EL Kürbis süß-sauer
6 EL Fleischbrühe
Thymian
2 Gläschen Obstler

Perlhuhn waschen, abtrocknen, mit Salz und Pfeffer einreiben.
In einem Schmortopf in heißer Butter von allen Seiten anbraten und zugedeckt bei 200 Grad ca. 60 Minuten braten.
Für die Soße Leber in Stücke schneiden, kurz in heißer Butter anbraten, mit Thymian bestreuen, Orangeat oder Kürbis und Backpflaumen zugeben. Mit Bratensaft und etwas Fleischbrühe aufgießen, Obstler zugeben, aufkochen lassen und pürieren. Wenn nötig, mit Salz und Pfeffer abschmecken.
Das Perlhuhn tranchieren und mit der Soße anrichten.

Roswitha Buchner
Hauptstraße 54, 8440 Straubing-Alburg

Pichelsteiner Eintopf

500 g Rind-, Schweine- oder Lammfleisch (am besten gemischt)
1 Zwiebel
50 g Schmalz
500–750 g Kartoffeln
250 g gelbe Rüben
1 Sellerieknolle
1–2 Stangen Lauch
1–2 Petersilienwurzeln
$^{1}/_{2}$ l Brühe
Salz, Pfeffer
Petersilie

Fleisch in Würfel schneiden, in einem hohen Topf mit Zwiebelwürfeln in Schmalz andünsten, würzen.
Kartoffeln, gelbe Rüben, Sellerieknolle, Lauch, Petersilienwurzeln waschen bzw. schälen und klein schneiden. Die Hälfte des Fleisches aus dem Topf nehmen. Lagenweise Kartoffeln und übriges Gemüse sowie restliches Fleisch einschichten. Salzen und pfeffern und mit $^{1}/_{2}$ l Brühe begießen. Bei mäßiger Hitze etwa 1 Stunde garen. Mit gehackter Petersilie anrichten.
Im Dampfdrucktopf verkürzt sich die Garzeit auf ca. 15 Minuten.

Therese Hein
Gartenstraße 13, Neuhaus/Inn

Pressack

1 Schweinskopf
1 kg Wammerl
500 g Schwarten
1 kg Zwiebeln
Essig
Salz, Pfeffer
Kümmel, Majoran,
Pergamentdarm

Schweinskopf, Wammerl und Schwarten in einem Sud aus Wasser, Salz und Zwiebeln weich kochen. Kopffleisch vom Knochen lösen. Fleisch würfeln. Schwarten, Ohren und gekochte Zwiebeln durch den Fleischwolf drehen. Alles in einer Schüssel mischen und soviel heißen Sud dazuschütten, bis eine dickflüssige Masse entsteht. Mit Essig, Salz, Kümmel und Majoran würzen. In den Pergamentdarm füllen, zubinden und vorsichtig etwa 1 Stunde in leicht kochendem Wasser sieden.

Elisabeth Hirtreiter
Waltersau 5, 8498 Arnbruck

Rehragout

1 kg Rehfleisch
(Schulter, Hals, Brust)
2 Zwiebeln
50 g Butterschmalz
1 Brühwürfel
1 Glas Orangenlikör
1 EL Butter
1 EL Zucker
Pfeffer
1/2 Becher Sauerrahm

Beize:
1/2 l Rotwein
1/4 l Wasser
ein Schuß Essig
1 Zwiebel mit 8 Nelken gespickt
2 Lorbeerblätter
1 Zitronenscheibe
Salz

Aus den angegebenen Zutaten Beize herstellen, Fleisch einige Tage einlegen.
Zwiebeln würfeln, in Butterschmalz hellgelb rösten. Das abgetropfte und abgetrocknete Fleisch darin auf allen Seiten anbraten. Mit etwas Beize und Wasser aufgießen. Brühwürfel, Pfeffer und Orangenlikör zugeben.
1 EL Butter mit einem EL Zucker bräunen und sofort in das Ragout einlaufen lassen. Eventuell binden und mit Sauerrahm verfeinern.

Leni Bichler
Moosackerweg 11, 8262 Altötting

Rottaler Schindlbraten

ca. 1 kg Gemüse der Saison:
Blumenkohl, gelbe Rüben, Bohnen
Weißkraut, Lauch, Kartoffeln
ca. 1 kg Wammerl oder
Halsgratscheiben
etwas Butter

2 kleine Zwiebeln
3–5 Knoblauchzehen
$^3/_4$ l Brühe
Salz, Peffer
Paprika
Kümmel

Gemüse putzen, waschen und klein schneiden. In einer feuerfesten Form Zwiebelwürfel und zerdrückte Knoblauchzehen in etwas Butter glasig dünsten.
Gemüse einschichten, würzen mit Salz, Pfeffer und Paprika. Mit Brühe aufgießen. Auf das Gemüse Wammerl oder Halsgratscheiben legen, mit Kümmel und Pfeffer würzen.
Im Backofen bei 200 Grad 1–$1^1/_2$ Stunden braten.

Emi Meyer
Asbach 2, 8340 Pfarrkirchen

Rottaler Schweinswürstl

nach Großmutters Rezept

1 kg Schweinefleisch,
gut durchwachsen
oder fett
rohe Vollmilch nach Bedarf

Salz, Pfeffer
Muskat
Semmelbrösel
Fett zum Backen

Schweinefleisch in Würfel schneiden und durch den Fleischwolf drehen. Mit Salz, Pfeffer und frisch geriebener Muskatnuß gut würzen. Mit Milch zu einem geschmeidigen Teig verarbeiten, einige Zeit ruhen lassen. Daumendicke Würstl drehen und diese in feinen Semmelbröseln rollen. In einer Pfanne mit wenig heißem Fett braten.
Tip des Einsenders: Zum Grillen Würstl nicht mit Semmelbröseln überziehen, sondern mit Schweineschmalz einpinseln. Großmutters Würstl schmecken aus der Pfanne am besten und sind auch kalt am nächsten Tag noch ein Leckerbissen.

Oskar Hatz
Bruggsperger Straße 36, 8000 München 19

Schweinskarree im Speckmantel

1 Kotelettstück 1–1½ kg (350 g pro Person)
mit ½ Zentimeter Rückenspeckauflage
1 Knoblauchzehe
weißer Pfeffer aus der Mühle
Salz
2 Zwiebeln
6 Wacholderbeeren

Kotelettstück waschen und trocken tupfen. Rippen mit scharfem Messer längs anritzen (Fleisch löst sich später leichter vom Gerippe).
Mit Salz, Knoblauchzehe und frisch gemahlenem weißen Pfeffer speckseitig kräftig einreiben. Im vorgeheizten Rohr in passender Bratreine speckseitig anbraten, später zwei feingeschnittene Zwiebeln und die angedrückten Wacholderbeeren zugeben und mit heißem Wasser aufgießen.
Bei ca. 180 Grad 2 Stunden braten. Anschnittseiten mit Bratensaft begießen. Gegen Ende der Garzeit Brattemperatur unter Aufsicht auf 240 Grad zur besseren Bräunung erhöhen (dunkel ausgekleidete Bratreine bringt mehr Soßenfarbe). Fleisch löst sich selbst vom Knochen.
Braten im Rohr auf einer Platte warmhalten, Bratenfond mit Schaber und Kochpinsel (Naturborsten) lösen, eventuell auf der Herdplatte konzentrieren und mit Salz und Pfeffer abschmecken.

Tip des Einsenders: Soße nicht entfetten und pürieren, Sauciere mit getrenntem Auslauf (fett und mager) verwenden. Saucenmischung je nach persönlichem Geschmack.
Als Beilagen eignen sich Sauerkraut und rohe Kartoffelknödel.

Franz Ziegler
Tierzuchtamt, 8300 Landshut

Speckkuchen

Teig:
150 g Quark
6 EL Öl
1 Ei
2 EL Milch nach Bedarf
Prise Salz
300 g Mehl
ca. 1 Backpulver

Belag:
300 g Wammerl in Scheiben
2 Zwiebeln
400–500 g geriebenen Emmentaler
6 Eier (getrennt)
2 Becher Sauerrahm
Salz, Muskat
2 EL gehackte Kräuter

Aus den angegebenen Zutaten einen Teig herstellen und auf einem Backblech auswellen.
Für den Belag Wammerl in Streifen schneiden und die Zwiebeln würfeln, dann anbraten, auskühlen lassen. Eigelb, Sauerrahm und Gewürze schaumig schlagen, Eischnee vorsichtig unterheben.
Wammerl und Zwiebeln auf den Teig geben, den geriebenen Käse darüberstreuen und mit der Eiermasse bedecken.
Im vorgeheizten Rohr bei Mittelhitze ca. 45 Minuten backen.

Elisabeth Stadler
Loifing 4, 8395 Hauzenberg

Weißkrauttopf

1 kleinen Kopf Weißkraut
3 Stück Würfelzucker
etwas Essig
2 EL Schweineschmalz
Kümmel, Salz, Pfeffer
250 g Rinderhack
Muskat, Pfeffer, Curry, Basilikum
3–5 Kartoffeln
$^1/_4$–$^1/_2$ l Rotwein

Weißkraut fein hobeln.
Würfelzucker in einen Topf geben und mit etwas Essig beträufeln. Schweineschmalz im Topf erhitzen, Kraut mit Kümmel, Salz und Pfeffer zugeben und unter Rühren andünsten lassen.
Hackfleisch mit Muskat, Pfeffer, Curry und Basilikum würzen und zum Weißkraut geben. Kartoffeln waschen, schälen und in Scheiben auf das Hack legen. Mit Rotwein auffüllen und fertig garen. Bei Bedarf etwas nachwürzen.

M. Hergesell
Eckerstraße 53, 8354 Metten

Ziegenkitzerl

1 Kitzerlkeule
1 Zwiebel in Scheiben
1 Karotte in Scheiben
1–2 TL mittelscharfen Senf
Pfeffer, Paprika
1 Bund Petersilie
1 Zweigerl Pfefferkraut
1 Zweigerl Estragon
1–2 EL Butter
1 l Knochenbrühe
(oder Kitzripperl mit Wurzelwerk auskochen)
1–2 EL Mehl
etwas Milch und Rahm
Salz
1 Brühwürfel

Kitzerlkeule waschen, trocken tupfen, mit Pfeffer und etwas Paprika bestreuen und mit Senf einreiben. In eine Schüssel legen, mit Petersilie, Pfefferkraut, Estragon, Karotten- und Zwiebelscheiben belegen. Zugedeckt im Kühlschrank 24 Stunden ziehen lassen.
Butter erhitzen, Keule von allen Seiten anbraten, Kräuter, Zwiebel- und Karottenscheiben wieder zugeben und mit Brühe aufgießen. Ins Bratrohr geben und bei ca. 200 Grad garen bis die Keule weich ist.
Keule herausnehmen, Soße abseihen, mit Mehl, Milch und Rahm binden, aufkochen lassen. Mit Salz, Pfeffer und Brühwürfel abschmecken.

Christa Wühr
Schedlhof 1, 8498 Arnbruck

Knödel

Topfenknödel ➛

Brätknödel

500 g Brät
4–5 Semmeln
50 g Mehl
$^{1}/_{4}$ l Milch
5 Eier
1 Zwiebel
Salz, Muskat
nach Bedarf etwas Semmelbrösel
Petersilie
abgeriebene Schale einer Zitrone

Die Semmeln in der Milch einweichen und mit der Zwiebel durch den Fleischwolf drehen. Mehl, Eier, Brät, Salz, Muskat, gehackte Petersilie, Zitronenschale und nach Bedarf Semmelbrösel zu der Masse geben. Alles zu einem geschmeidigen Teig verarbeiten. Mit einem Eßlöffel kleine Teigbällchen abstechen, zu Knödeln formen und ins kochende Salzwasser setzen. Etwa 10–15 Minuten gar ziehen lassen.

Ignaz Kiechle
Bundesminister für Ernährung, Landwirtschaft und Forsten

Bratknödel

10 geschnittene Semmeln
Salz, Pfeffer
heiße Milch
30 g Butter
1 Zwiebel
1 kleinen Bund Petersilie
3–4 Eier

Knödelbrot in eine Schüssel geben, salzen und pfeffern. Butter zugeben und mit heißer Milch übergießen. Zwiebelwürfel und gehackte Petersilie mit den Eiern unter die Semmelmasse mengen. Knödel formen und in eine gefettete Bratreine legen, am besten zum Schweinebraten. Nach ca. 20 Minuten Knödel wenden und die 2. Seite anbraten lassen.

Annemarie Geisberger
Margarethenberg 12 1/2, 8269 Burgkirchen

Brotknödel

nach Mutters Art

500 g Brotwürfel
ca. 1/4 l Milch
2 Eier
Salz
eine Handvoll Mehl

Brotwürfel mit heißer Milch übergießen. Zugedeckt ziehen lassen. Die Masse mit Eiern, Salz und Mehl gut vermengen. Bei Bedarf noch etwas Mehl zugeben. Knödel formen, 15 Minuten in kochendem Salzwasser garen.
Vor 60 Jahren aßen wir dazu Geselchtes und Sauerkraut.

Kathrin Ambros
Harbach 25, 8353 Osterhofen

Essigknödel

4–5 kalte Brotknödel
2 Zwiebeln in Ringen
Bratenreste in feinen Streifen
Essig, Öl
Salz, Pfeffer
Wasser

Brotknödel in feine Scheiben schneiden. Mit Bratenresten und Zwiebelringen in eine Schüssel geben. Aus Essig, Wasser, Salz und Pfeffer eine Marinade bereiten, abschmecken und über die Knödel-Fleisch-Zwiebel-Mischung gießen. Gut vermengen und etwas ziehen lassen.
Erfrischendes Hauptgericht für heiße Sommertage.

Elke Zellner
Max-Wittmann-Straße 6, 8262 Altötting

Fleckknödel

250 g Weizenmehl
70 g Hartweizengries
160 ml Wasser
Salz
20 g Butter

Aus Weizenmehl, Wasser und Salz einen Teig bereiten, nach dem Abmengen eine halbe Stunde ruhen lassen. Teig zu ca. 15 × 15 cm großen Flecken dünn auswellen. Grieß mit Butter goldgelb anrösten und auf den Teigflecken verteilen.
Teigränder mit etwas Wasser anfeuchten und die Flecke zu einer Tasche übereinanderschlagen. Ränder mit einer Gabel andrücken. Fleckknödel in kochendem Salzwasser oder Fleischbrühe ca. 8–10 Minuten kochen.

Theresia Kainz
Birkenweg 4, 8391 Obernzell

Gebackene Brezenknödel

8 Brezensemmeln
3 Eier
1 kleine Zwiebel in Würfel
ca. $^{1}/_{8}$ l Milch
Salz, Pfeffer
feingehackte Petersilie
Schnittlauch
Butter

Semmeln in Würfel schneiden und mit der lauwarmen Milch übergießen.
Die gewürfelte Zwiebel dazugeben und mit Salz und Pfeffer abschmecken. Eier, Schnittlauch und Petersilie unterrühren. Aus der Knödelmasse Laibchen formen (wie Fleischpflanzerl) und in Butter in der Pfanne braten.

Birgit Lippert-Hofauer
Neuöttinger Straße 13–15, 8262 Altötting

Griebenknödel

2 Scheiben Schwarzbrot
250 g ausgelassene Grieben
1 gehackte Zwiebel
2 Eier
250 g Mehl
Salz, Pfeffer

Schwarzbrot in Würfel schneiden, mit Grieben, Zwiebelwürfeln, Eiern und Mehl vermischen. Teig mit Salz und Pfeffer abschmecken und kleine Knödel formen. In siedendem Salzwasser ca. 25 Minuten garen. Nicht sprudelnd kochen.

Rita Parzer
Bergerstraße 26, 8398 Pocking

Grömigwichste

(Rottaler Griebenknödel)

500 g Roggenmehl
150–200 g Grieben
Wasser
etwas Salz

Roggenmehl in eine Schüssel geben, Grieben darin abbröseln, etwas salzen. Vorsichtig Wasser zugeben, bis sich die Masse zu einem festen Teig kneten läßt, gut durchkneten.
Kleine Knödel formen und drehen, bis sie ganz glatt (fast glänzend, wie gewichst) aussehen. Die Grömigwichsten in kochendem Wasser garen, bis sie schwimmen.

Regina Schanzer
Holzbach 4, 8399 Fürstenzell

Hefeknödel

500 g Mehl
25 g Hefe
2 Eier
1 Prise Salz
50 g Butter
$^1/_4$ l Milch
etwas braune Butter zum Begießen

Aus den angegebenen Zutaten einen lockeren Hefeteig herstellen, der gut gehen muß. Auf einem bemehlten Brett ausrollen, mit einem Glas dicke runde Platten ausstechen und nochmals unter einem Tuch gehen lassen. In reichlich Salzwasser ca. 8 Minuten ziehen lassen. Wenn eine eingestochene Nadel trocken bleibt, sind die Knödel fertig. Nach dem Herausnehmen mit 2 Gabeln aufreißen und mit brauner Butter begießen.

Fränzi Damböck
Peter-Adam-Straße 3, 8340 Pfarrkirchen

Gwichste

500 g Roggenmehl
1 Prise Salz
lauwarmes Wasser

Roggenmehl mit Salz und nur soviel lauwarmem Wasser verrühren, bis ein fester Knetteig entsteht. Von diesem Teig kleine Stücke abzupfen und unter der Hand rollen, bis walnußgroße Knödel entstehen. In kochendes Wasser geben und gut 10 Minuten ziehen lassen.

Franzi Dinglreiter
Dinglreit 1, 8399 Fürstenzell

Hauberlinge

500 g Roggenmehl
500 g Weizenmehl
40 g Hefe
3 TL Kümmel
1 TL Salz
2 ganze Eier
4 Eiweiß
1/2 l lauwarmes Wasser
etwas Bier

Dämpferl aus Hefe, 100 g des Weizenmehls und etwas lauwarmen Wasser ansetzen, gehen lassen. Roggen- und Weizenmehl mischen, Kümmel, Salz, Eier und Eiweiß untermengen, mit Wasser und etwas Bier zu einem Teig verarbeiten. Dämpferl vorsichtig einarbeiten. Jeweils einen großen Eßlöffel des Teiges in wenig Ausbackfett (ca. 3 cm hoch) setzen. Nach einigen Minuten – der Boden des Hauberlings soll dunkelbraun sein – mit Fett beträufeln und umdrehen.
Hauberlinge werden zu Suppe und Fleisch gegessen.

Ortrun Kühlewein
Amt für Landwirtschaft Landshut

Hochzeitsknödel

50 g Butter
3–4 Eier
150 g geräuchertes Wammerl in Würfeln
150 g geriebener Emmentaler Käse
150 g fein gehacktes, ausgedrücktes Sauerkraut
5–6 alte Semmeln in kleinen Würfeln
1 Prise Salz
1 Prise Muskat
etwas geriebene Zitronenschale
1 Tomate
etwas zerlassene Butter

Eier, Fett und Gewürze schaumig rühren, Fleischwürfel, Käse, Kraut und Semmelwürfel zugeben. Teig erst mit dem Kochlöffel, dann mit der Hand gut vermengen. Rund formen, in eine nasse Stoffserviette wickeln und locker zubinden. In Salzwasser ca. 30 Minuten kochen. Vor dem Servieren Knödel oben mit zwei Gabeln etwas aufreißen, eine Tomate in die Mulde setzen und mit zerlassener Butter übergießen.

Eugenie Baumann
Böhmerwaldweg 10, 8340 Pfarrkirchen

Holzhauer Grießknödel

250 g Hartweizengrieß
50–60 g Butter
Salz
ca. 1/8 l heißes Wasser

Grieß in eine Schüssel geben, salzen, Fett in Flöckchen daraufsetzen. Mit heißem Wasser aufgießen und zu einem glatten Teig verarbeiten. Erst mit dem Rührlöffel verrühren, dann etwas kneten. Knödel formen und ca. 20 Minuten in Salzwasser kochen. Holzhauer Grießknödel passen gut zu Pilzsoßen.

Theres Orywal
Birkhamerstr. 24, 8390 Passau

Innviertler Speckknödel

500 g gekochte Kartoffeln
125 g Mehl
2 EL Grieß
150 g geräuchertes Wammerl
2 Eier
Pfeffer, Salz
gehackte Petersilie

Das fein geschnittene Wammerl mit Petersilie und Pfeffer mischen, walnußgroße Kugeln formen. Die am Vortag gekochten Kartoffeln reiben und mit Mehl, Grieß, Butter, Eiern und Salz zu einem Teig verarbeiten. Eine Rolle formen und dünne Scheiben abschneiden. Diese in der flachen Hand etwas auseinanderdrücken, mit der Speckkugel belegen und zu Knödeln formen.
Im Salzwasser ca. 15–20 Minuten kochen.

Ludwig Bayerl
Zeintlmühler Straße 2, 8399 Ruhstorf-Salzbach

Kapuzinerknödel

10 Semmeln vom Vortag
$^3/_4$ l Milch
4 Eier
100 g Schokolade
100 g Zucker
Ausbackfett

Semmeln entrinden, halbieren und in die mit Eiern verschlagene Milch legen. Ca. 30 Minuten quellen lassen. Ausdrücken, walnußgroße Knödel formen. In heißem Fett goldgelb backen, abtropfen lassen. Schokolade reiben, mit Zucker mischen. Knödel noch heiß in dieser Mischung wälzen.

Rita Brunner
Feldöd 1, 8383 Aufhausen

Kartoffelgrießknödel

500 g Erdäpfel
125 g Grieß
1 Ei
10 g Butter
1 geschnittene Semmel
Salz

Grieß auf ein Nudelbrett streuen. Erdäpfel kochen, schälen und auf dem Brett mit dem Nudelholz heiß über dem Grieß zerdrücken. Masse auskühlen lassen. Ei, Salz und in Fett angeröstete Semmelscheiben zugeben. Aus der Grieß-Kartoffel-Masse Knödel formen und ca. 15 Minuten in Salzwasser kochen lassen.

Theresia Kainz
Birkenweg 4, 8391 Obernzell

Kartoffelknödel auf Bauernart

1 kg mehlige Kartoffeln
2–3 Eier
80 g Grieß
150 g Mehl
200 Räucherspeck
1 Zwiebel
2 EL gehackte Petersilie
40 g Butter
Salz, Pfeffer

Kartoffeln in Salzwasser dämpfen, schälen, noch heiß durch die Kartoffelpresse drücken.
Mit Eiern, Grieß und Mehl zu einem mittelfesten Teig verarbeiten.
Würfelig geschnittenen Speck im eigenen Fett auslassen, fein geschnittene Zwiebeln darin anrösten, Kräuter beigeben.
Mit Salz und Pfeffer würzen, Speckmasse in den Kartoffelteig einarbeiten. Kleine Knödel formen und in Salzwasser ca. 15 Minuten mehr ziehen als kochen lassen.

Eugenie Baumann
Böhmerwaldweg 10, 8340 Pfarrkirchen

Reiberknödel

8 große rohe Kartoffeln
3–4 gekochte Kartoffeln
100 g Kartoffelmehl
$^1/_8$ l heißes Wasser oder Milch
1 TL Salz

Rohe Kartoffeln waschen, schälen, reiben und ausdrücken. Gekochte Kartoffeln heiß durchpressen und abkühlen lassen oder kalt reiben. Rohe und gekochte Kartoffelmasse vermengen, Kartoffelmehl einarbeiten.
Milch oder Wasser nach Bedarf zugeben, salzen. Knödel formen. In kochendem Salzwasser zugedeckt ca. 20 Minuten garen.

Renate Gerhardinger
Marterberg 30, 8358 Vilshofen

Topfenknödel

1 kg Topfen
100 g Butter
3 Eigelb
2 ganze Eier
Salz
300 g Semmelbrösel
3 Eischnee

Butterbrösel:
30 g Butter
100 g Semmelbrösel

Preiselbeeren

Butter schaumig rühren, Eigelb und ganze Eier sowie den Topfen zugeben und salzen. Semmelbrösel und Eischnee unterziehen. Kleine Knödel formen, in Salzwasser ca. 10 Minuten kochen. Nach Belieben mit goldgelben Butterbröseln und Preiselbeeren servieren.

Franziska Kraller
Siebenbürgenstraße 6, 8262 Altötting

Wallnerknödel

4–5 Semmeln
2–3 Eier
6 gekochte Kartoffeln
250 g Mehl
1 TL Salz

Semmeln in feine Scheiben schneiden. Am Vortag gekochte Kartoffeln reiben. Semmelscheiben und Kartoffeln mit Ei, Mehl und Salz zu einem geschmeidigen Teig verarbeiten, mittelgroße Knödel formen. In heißem Wasser ca. 20 Minuten ziehen lassen, nicht sprudelnd kochen.

Renate Gerhardinger
Marterberg 30, 8358 Vilshofen

Wolpertinger Speckknödel

10 Semmeln in Würfeln
ca. 1/2 l Milch
100 g durchwachsenen Speck
1 Zwiebel
2 Eier
50 g Salami
2 EL Petersilie
Salz, Pfeffer, Muskat
eventuell Semmelbrösel

Semmeln in dünne Scheiben schneiden, warme Milch darübergießen, 30 Minuten zugedeckt stehen lassen. Speck und Zwiebeln würfeln und zusammen in einer Pfanne bei kleiner Flamme ausbraten.
Diese Mischung, die Eier, die feingehackte Petersilie und die Salami zum Knödelteig geben. Bei Bedarf Semmelbrösel untermengen. Mit den Gewürzen abschmecken und gut durchkneten.
In leicht siedendem Salzwasser ca. 20 Minuten ziehen lassen.

Manuel Haslinger
Ameringshub 4, 8342 Tann

Kartoffelgerichte

Kartoffelnudeln ➛

Bauchstecherl

1 kg rohe Kartoffeln
1 kg gekochte Kartoffeln
150 g Mehl
Salz
100 g Fett

nach Belieben:
2 Eier
Salz
4 EL Milch

Die gekochten Kartoffeln heiß auf das Nudelbrett durchpressen. Die rohen, geschälten Kartoffeln in Wasser reiben, gut ausdrücken, mit Mehl und der abgesetzten Stärke zu den durchgepreßten Kartoffeln geben. Salzen und rasch zu einem Teig verarbeiten.
Dünne, fingerlange Nudeln formen und in kochendem Salzwasser ca. 20 Minuten offen kochen lassen. Abseihen, kalt überbrausen und gut abtropfen lassen. In reichlich heißem Fett in der Röhre durchrösten, mit der Gabel öfters lockern. Zum Schluß der Garzeit nach Belieben die mit Milch und Salz verquirlten Eier darübergießen und stocken lassen.

Anna Killinger
Zwieselberg 49 1/2, 8372 Zwiesel

Bayerischer Kartoffelauflauf

750 g gekochte Kartoffeln
5 gekochte Eier
200 g Leberkäs
evtl. gebräunte Zwiebelringe
evtl. geriebenen Käse
1 Tasse Sahne
1 TL Salz
Paprika, Muskat, Pfeffer

Kartoffeln pellen, durch die Kartoffelreibe drücken oder klein würfeln. Eier in Scheiben schneiden, Leberkäs würfeln. Abwechselnd in die Bratreine schichten. Sahne mit Gewürzen vermischen und über den Auflauf gießen. Obenauf geriebenen Käse und gebräunte Zwiebelringe geben.
Bei Mittelhitze ca. 15–20 Minuten backen.

Notburga Schneider
Endfelln 2, 8261 Kastl

Bruckabam

1 kg mehlige Kartoffeln
200–250 g Mehl
Salz
1–2 Eier
Fett für die Reine
heißes Butterschmalz zum Bestreichen
300 g Sauerrahm

Kartoffeln kochen, schälen und heiß durchdrücken. Mit Mehl abbröseln, salzen und mit den Eiern zu einem feinen Teig schnell verkneten. Ca. 2 cm dicke, in Reinenbreite geschnittene Nudeln formen und in die gut gefettete Reine legen. Bei 180 Grad ca. 45 Minuten im Rohr backen. Nach halber Backzeit mit heißem Butterschmalz bestreichen und mit Sauerrahm übergießen.
Dazu schmecken Sauerkraut oder Blattsalat.

Agnes Maier, Ortenburg/
Staatsminister Hans Maurer

Erdäpfelnudeln mit Topfen

1 kg gekochte Kartoffeln
500 g Topfen
2 Eier
Salz, Petersilie, etwas Mehl
4 EL Schmalz

Kartoffeln kochen, schälen, durchpressen und mit Quark, Eiern, Mehl, Salz und Petersilie vermengen.
Fingerdicke Nudeln rollen und in heißem Fett ausbacken.

Birgit Schacherl
Am Ederhölzl 6, 8340 Pfarrkirchen

Erdäpfelschnecken

1 kg gekochte Kartoffeln
250 g Mehl
2 Eier
1 TL Salz
Butter für die Reine
$^{1}/_{2}$ l Rahm
5 Eier
1 Prise Salz

Kartoffeln schälen, durch eine Presse drücken, Mehl darüber sieben. 2 Eier und Salz zugeben und zu einem glatten Teig verkneten. Auf bemehlter Arbeitsfläche messerrückendick ausrollen, von der Längsseite her locker aufrollen. In ca. 4 cm breite Scheiben schneiden und nebeneinander in eine mit zerlassener Butter (1 cm hoch) gefüllte Bratreine setzen.
Im vorgeheizten Backofen bei 200 Grad 20–25 Minuten backen.
Rahm mit Eiern und Salz verquirlen, in die Zwischenräume der Schnecken gießen und weitere 10–15 Minuten backen.

Therese Hein
Gartenstraße 13, 8399 Neuhaus/Inn

Erdäpfeltaler

500 g Kartoffeln
$^{1}/_{2}$ l Milch
50 g Butter
$^{1}/_{2}$ TL Muskatnuß
Salz
1 Prise gemahlenen Kümmel
$^{1}/_{2}$ Zwiebel in Würfeln

Kartoffeln schälen, in Scheiben hobeln und in eine Auflaufform schichten. Milch, Butter und Gewürze bis zum Siedepunkt erhitzen. Die Flüssigkeit über die Kartoffeltaler gießen, so daß sie gut bedeckt sind. Bei ca. 220 Grad etwa 45 Minuten im Rohr backen, bis sich eine kräftig braune Kruste bildet.

Annemarie Breitenfellner
Am Rathaus 7, 8395 Hauzenberg

Erdäpfelzweckerl

500–1000 g am Vortag gekochte Kartoffeln
Salz
150–200 g Mehl
Butter oder Fett zum Backen

Die am Vortag gekochten Kartoffeln durchpressen. Mit Salz und Mehl in einer Schüssel vermengen und »zweckerln« (abbröseln). In einer Pfanne mit Butter oder Fett abrösten.
Dazu reicht man »gstandne« Milch (Dickmilch) oder Kompott.

Anita Weinberger
Dorfstraße 3, 8375 Gotteszell

Gangene Kartoffelbaunkerl

250 g gekochte, heiß durchgepreßte Kartoffeln
250 g Mehl
1 Ei
Salz, Muskat
1 P. Hefe
etwas Milch

Die ausgekühlten Kartoffeln mit Mehl und Gewürzen mischen. Hefe mit etwas Milch glattrühren und mit dem Ei unter die Masse rühren. Teig gehen lassen.
Mit einem Eßlöffel walnußgroße Portionen ins heiße Fett setzen und beidseitig ausbacken.
Dazu paßt Blaukraut, Sauerkraut oder Kompott.

Roswitha Friedrich
Kreuzbach 1, 8359 Haarbach

Gefüllte Kartoffeltaschen

1 kg Kartoffeln
150–200 g Mehl
1–2 Eier
Salz
100 g Frischkäse oder Emmentaler
100 g gekochten Schinken
Butterfett zum Ausbacken

Kartoffeln kochen, pellen, durchpressen und auskühlen lassen. Mit Mehl, Eiern und Salz zu einem Teig verarbeiten. In 8 Teile schneiden, zu Fladen auswellen und mit Käse und kleingeschnittenem Schinken füllen. Die Fladen zusammenklappen und in der Pfanne in Butterfett backen.

Rosa-Maria Scholz
Mandlmühle 2, 8359 Aidenbach

Gurgelschnoitzer

1 kg Kartoffeln
ca $^{1}/_{4}$ l Milch
200 g Grieben
Salz

Kartoffeln schälen, vierteln, kochen und heiß durchpressen. Mit der Milch zu einem zähflüssigen Brei verarbeiten.

Wichtig: Die Masse muß in einem Eisentopf und über dem offenen Feuer zubereitet werden.

Die Grieben erhitzen und mit dem Fett unter die Kartoffelmasse rühren. Die Masse muß so zäh sein, daß sie »schnoitzt«.
Dazu schmeckt g'stöckelte (saure) Milch.

Regina Ortinger
Bischof-Firmian-Str. 30, 8391 Mitterfirmiansreut

Heidelbeerstriezel

6 mittelgroße mehlige Kartoffeln
1 Ei
2 EL Rahm
Salz
ca. 150 g Mehl
Heidelbeeren, Zucker und etwas Rahm zum Füllen
Fett für die Reine
4 EL Rahm
1 Ei

Kartoffeln kochen, pellen und heiß durchpressen. Erkalten lassen, dann mit Ei, Rahm, Salz und Mehl zu einem Kartoffelteig verarbeiten.
Eine Rolle aus dem Teig formen und ca. 5 cm große Stücke abschneiden. Auf einem bemehlten Brett auswellen.
Frische Heidelbeeren verlesen, zuckern und mit etwas Rahm vermischen. Auf die Teigplatten einige Eßlöffel Fülle setzen, Platten zusammenrollen und in die gefettete Reine setzen. Bei ca. 200 Grad goldgelb backen.
Nach 15 Minuten Backzeit mit Rahm verquirltes Ei darübergießen und fertig backen.

Anna Probst
Regener Str. 2, 8371 Langdorf

Hosenknöpf

1 kg Kartoffeln
100 g Mehl
1/2 TL Salz
1 Eigelb
Backfett

Kartoffeln kochen, heiß durchpressen, abkühlen lassen. Mit Mehl, Salz und Eigelb abbröseln und schnell zu einem Teig verkneten. Etwa daumendicke Nudeln daraus formen, ca. 1 cm dicke »Knöpfe« abschneiden. In heißem Backfett knusprig backen, mehrmals wenden.
Die Hosenknöpf passen gut zu Sauerkraut oder Apfelmus.

Erna Haller
Gewerbestr. 8, 8391 Salzweg

Kartoffelberg

Kartoffelbrei von 2 kg Kartoffeln
500 g Fleischreste oder Hackfleisch
1 TL Kapern
2 Essiggurken
1 TL Salz
1 MSP Pfeffer
1 MSP Muskat
etwas Suppenwürze
50 g Butter

Fleischreste fein schneiden oder durch den Fleischwolf drehen. Salz, Pfeffer, Muskat, Kapern, Suppenwürze und die fein geschnittenen Gurken mit dem Fleisch vermengen und in eine gefettete Auflaufform füllen. Den heißen Kartoffelbrei bergartig über die Fleischmasse geben. Die Oberfläche mit einer Gabel wellenförmig einritzen und heiße Butter darübergießen.
Kartoffelberg bei Mittelhitze ca. 30 Minuten hellgelb backen.

Maria Zens
Straubinger Straße, 8446 Mitterfels

Kartoffelmaultaschen

Kartoffelteig:
500 g gekochte Kartoffeln
80 bis 100 g Mehl
1/4 TL Salz
1–2 Eier
1 MSP Muskatnuß
Butter zum Bestreichen
Milch nach Belieben

Fülle:
500 g Äpfel
50 g Zucker
2 EL Semmelbrösel
etwas Zimt

Äpfel waschen, schälen und entkernen, schnitzeln. Mit Zucker und Semmelbröseln sowie etwas Zimt vermengen.
Frisch gekochte Kartoffeln schälen, heiß durchpressen und auf einem Backbrett ausgebreitet auskühlen lassen. Mehl, Salz und Muskat über die Kartoffeln streuen, locker abbröseln.
Eier untermengen, rasch zu einem Teig verarbeiten. Eine längliche Rolle formen, in sechs bis acht Portionsstücke teilen, diese tellergroß ausrollen. Mit zerlassener Butter bestreichen, mit Apfelfülle belegen, Semmelbrösel darüberstreuen, zusammenschlagen. In die gefettete Reine setzen und bei 200 Grad etwa 30–45 Minuten goldgelb backen. Während des Backens öfters mit Butter bestreichen. Nach Belieben kurz vor Ende der Garzeit etwas heiße Milch darübergießen und solange weiterbacken, bis die Milch eingezogen ist.

Therese Eiberger
Gartenstraße 4, 8374 Viechtach

Kartoffelnudeln

500 g Kartoffeln
etwa 150–180 g Mehl
Salz
nach Belieben Kümmel
1–2 Eier
Rahm
Butterfett

Kartoffeln mit der Schale kochen, die etwas erkalteten Kartoffeln schälen, durchpressen, kalt stellen, mit Mehl, Salz und mit einem Ei vermengen. Daraus werden fingerlange Nudeln gedreht, die man im Bratrohr, in sehr heißem Fett, ringsum braun bäckt bei ca. 220 Grad. Eier mit Rahm verquirlen und über die Nudeln gießen. Nochmals etwa 5 Minuten backen.
Kartoffelnudeln sind eine feine Beilage zum Schweinefleisch oder Gemüse.

Theresia Killinger
Kastler Str. 12 a, 8261 Emmerting

Kartoffelpfannkuchen

1 kg gekochte Kartoffeln
50 g Fett
2 Zwiebeln
30 g Mehl
3 Eier
1/4 l Milch
Salz
Schnittlauch
nach Belieben:
5 Tomaten zum Füllen

Die mit der Schale gekochten Kartoffeln pellen und in Scheiben schneiden. Mit fein gewiegten Zwiebeln in einer Stielpfanne in heißem Fett rösten und salzen.
Mehl, Eier, Schnittlauch und Milch glattrühren.
Röstkartoffeln in 3 Portionen teilen und jeweils mit einem Teil der Eiermilch in der Pfanne übergießen und von beiden Seiten goldgelb backen.
Nach Belieben mit rohen oder leicht angedünsteten Tomaten füllen und über die Mitte zusammenschlagen.

Anna Loibl
Regener Straße 22, 8372 Zwiesel

Kartoffeltorte

750 g gekochte Kartoffeln
8 Eier
375 g Zucker
Zimt, Nelken
Zitronat
Orangeat
etwas geriebene Nüsse oder Mandeln
1 1/2 EL Semmelbrösel

Gekochte Kartoffeln reiben. Eigelb mit Zucker schaumig rühren und zu der Kartoffelmasse geben. Zimt, Nelken, Zitronat, Orangeat, geriebene Nüsse oder Mandeln und Semmelbrösel zugeben und verrühren.
Eiweiß zu Schnee schlagen und unter die Masse heben. Masse in eine gut gefettete Form geben und bei 180 Grad ca. 70 Minuten backen.

Maria Hödl
Renfting 2, 8395 Hauzenberg

Lauch-Kartoffel-Auflauf

500 g Lauch
750 g Kartoffeln
40 g Butter
25 g Mehl
Salz, Pfeffer
300 ml warme Milch
1 Prise geriebene Muskatnuß
50 g geriebener Emmentaler
Butter zum Einfetten

Lauch putzen und waschen. Das Grüne des Lauchs abschneiden und als Grundlage für die Brühe verwenden. Die weißen Teile des Lauchs in dicke Ringe schneiden, mit dem Grün 8–10 Minuten im Salzwasser fast gar kochen. Herausnehmen, abtropfen lassen, Flüssigkeit beiseite stellen.
Kartoffeln ca. 25 Minuten in Salzwasser kochen.
Für die Soße 25 g Butter in einem Topf zerlassen, Mehl einrühren und unter ständigem Rühren zwei Minuten darin hellbraun werden lassen. Vom Herd nehmen, Milch bis auf 2 EL unterrühren. Wieder auf die Kochplatte zurückstellen und köcheln lassen, bis die Soße dick und glatt ist.
Nach und nach 150 ml Lauchbrühe unterrühren.
Nochmals aufkochen lassen, mit Salz, Pfeffer und Muskat abschmecken.
Ein Drittel der gekochten Kartoffeln in Scheiben schneiden, unter die weißen Lauchringe mischen. In eine feuerfeste Form füllen, Soße darübergießen.
Restliche Kartoffeln pfeffern, mit 2 EL Milch und Butter zu Brei zerdrücken. Die Hälfte des Käses untermischen, abschmecken. Kartoffelbrei über das Gemüse verteilen, restlichen Käse darauf streuen. 20 bis 25 Minuten im Backofen goldbraun backen.

Dagmar Nissen
Lusenweg 1, 8390 Passau

Rahmkartoffeln

2 kg geschälte rohe Kartoffeln
Salz, Muskat, Pfeffer
8 EL feine Zwiebelscheiben
½ l sauren Rahm
8 Eier
3 EL gehackte Petersilie
50 g Butter in Flocken
50 g Butter für die Form
2 Tomaten in Scheiben

Kartoffeln in sehr dünne Scheiben schneiden, würzen. Eine feuerfeste Form fetten und die gewürzten Kartoffelscheiben vermischt mit den Zwiebeln einfüllen. Butterflöckchen darauf setzen. Zugedeckt im heißen Ofen etwa 20 Minuten braten.
Eier und den sauren Rahm zu einer Eiermilch verquirlen, über die Kartoffelmasse gießen.
Wenn die Kartoffeln gar sind und die Eiermilch gestockt ist, mit Petersilie bestreuen.
Vor dem Auftragen mit Tomatenscheiben garnieren.

Kathrin Ambros
Harbach 25, 8353 Osterhofen

Ritschinudeln

2 ½ Pfund mehlige Kartoffeln
2 EL Sauerrahm
1 altbackene Semmel
1 TL Salz
40 g Butterschmalz
nach Belieben:
2 Eier
¼ l Rahm

Kartoffeln schälen und roh reiben, ausdrücken. Mit der abgesetzten Stärke und dem Sauerrahm vermischen. Semmel in dünne Scheibchen schneiden und zum Kartoffelteig geben. Salzen, Teig gut durcharbeiten und zu fingerdicken Nudeln formen. In Salzwasser 15–20 Minuten kochen, dann abtropfen lassen. Butterschmalz in einer Bratreine erhitzen. Nudeln einschichten und bei ca. 220 Grad anbraten. Nach Belieben Eier mit Rahm verschlagen, über die Nudeln gießen und stocken lassen.
Kraut oder Salat dazu servieren.

Helmtrud Peter
Nordweststraße 41, 6057 Dietzenbach

Nachspeisen

Gebackene Kirschen ➛

Altbayerisches Wickelmus

3 gehäufte Kochlöffel Mehl
1 l Milch
Salz
70 g Zucker
Zitronensaft einer halben Zitrone
etwas geriebene Zitronenschale
6 Eier
200 g Johannisbeermarmelade
50 g Rosinen
Zucker zum Bestreuen
Butter für das Blech

Mehl in etwas Milch anrühren und in der restlichen Milch wie einen Pudding dick einkochen. Topf vom Feuer nehmen, Salz, Zucker, Zitronensaft und Zitronenschale sowie Eidotter unterrühren. Eiweiß steif schlagen, unter die Masse heben.
Backblech mit hohem Rand fetten. Masse darauf verteilen und bei Mittelhitze ca. 15–20 Minuten goldgelb backen.
Marmelade rasch darauf streichen, Wickelmus zusammenrollen und mit Zucker und Rosinen bestreut auf einer Platte servieren.
Dazu schmeckt Vanillesoße.

Gertrud Altmann
Holzweg 4, 8353 Wieselsing

Apfelcreme

8 Äpfel
$^1/_2$ Vanilleschote
Abgeriebene Schale 1 Zitrone
$^1/_2$ bis 1 l Wasser
80 g Zucker
6 EL saure Sahne
2 EL Kirschwasser

Äpfel waschen, schälen, vierteln und das Kernhaus entfernen. Äpfel, abgeriebene Zitronenschale und Vanilleschote mit Wasser in einen Tof geben und aufkochen lassen. Zucker darüber streuen und zugedeckt fertig garen lassen. Apfelmasse durch ein Sieb streichen und mit der sauren Sahne und dem Kirschwasser verfeinern. Erkalten lassen.

Gertraud Dichtl
Jahnstraße 6, 8392 Waldkirchen

Äpfel mit Haube

8 mittelgroße Äpfel
2 EL Marmelade
80 g Mehl
60 g Butter
60 g Zucker
3 Eier
1 P. Vanillezucker
4 EL Milch

Äpfel schälen und Kernhaus entfernen. Äpfel müssen dabei ganz bleiben. Mit Marmelade füllen und nebeneinander in eine flache gefettete Auflaufform stellen.
Butter schaumig rühren, Zucker, Eigelb, Vanillezucker, Mehl und Milch zugeben und alles 10 Minuten rühren. Dic zu Schncc gcschlagenen Eiweiß unterheben. Die Masse über die Äpfel verteilen und ca. 45 Minuten bei mäßiger Hitze backen.

Maria Zens
Straubinger Straße, 8446 Mitterfels

Apfelmüsli

4 mittelgroße Äpfel
3 EL Blütenhonig
1 Zitrone
1/4 l Sahne
3 EL gehackte Hasel- oder Walnüsse

Äpfel waschen und mit der Schale raspeln. Zitronensaft, Blütenhonig und Sahne zugeben und mit den Äpfeln gut vermengen. Die gehackten Nüsse untermengen, in Glasschälchen füllen und sofort kühl servieren.

Kathi Bachmeier
Lehndobl 1, 8343 Anzenkirchen

Äpfelradel

ca. 8 Äpfel
3 Eier
300 g Mehl
ca. 1/4 l Milch
50 bis 100 g Zucker
1/2 TL Salz
Zucker zum Bestreuen
Fett zum Backen

Aus Mehl, Eiern, Milch, Zucker und Salz einen dicken Teig rühren. Äpfel schälen, das Kernhaus ausstechen. Äpfel in ca. 1 cm dicke Scheiben schneiden.
Fett erhitzen, Apfelscheiben durch den Teig ziehen und in das heiße Fett einlegen. Vorsichtig backen, dabei einige Male wenden. Der Apfel muß beim Anstechen weich sein. Herausheben und mit Zucker bestreuen.

Erika Lux
Gänswinkl 6, 8359 Ortenburg

Apfelschmarrn

500 g Mehl
2 Eier
Milch nach Bedarf
etwas Salz
Fett zum Backen
ca. 1 kg (Borsdorfer) Äpfel

Aus Mehl, Eiern, Milch und Salz einen dicken Pfannkuchenteig bereiten. Fett in einer Pfanne erhitzen. Teig in die Pfanne gießen, unten anbacken lassen, und sofort in Stücke zerstechen, fertig backen. Portionsweise mit dem Rest des Teiges so verfahren.
Äpfel schälen, entkernen, in Spalten schneiden.
100 g Butter mit den Äpfeln in einen Topf geben. Pfannkuchenschmarrn darüber verteilen und Äpfel zugedeckt bei schwacher Hitze weich dünsten.
Wenn die Äpfel weich sind, mit Schmarrn vermischen und nach Belieben mit Zucker bestreuen.

Käthe Mienhardt
Spitalhofstr. 83, 8390 Passau

Apfelspeise

1 kg Äpfel
1 TL Butter
4 EL süßer Rahm
2 Eier
2 1/2 EL Mehl
8 EL Sauerrahm
Zucker
Zitronensaft
Zimt

Geschälte, geachtelte Äpfel mit Butter und süßem Rahm weich kochen. Mehl, Eier und Sauerrahm mit Zucker, Zitronensaft und Zimt nach Geschmack verrühren. Über die Apfelmasse gießen und alles einmal aufkochen lassen. In eine gefettete Auflaufform füllen und mit Butterflocken belegen. Im vorgeheizten Backrohr bei 175 Grad ca. 15 Minuten backen.

Rosa Wittenzellner
Oberprechhausen 11, 8351 Grafling

Dalken

250 g Mehl
etwas Salz
1/2 l Milch
100 g Zucker
2 Eidotter
evtl. etwas Rum
2 Eischnee
10 g Hefe oder 1 TL Backpulver
Ausbackfett

Milch, Mehl, Zucker, Dotter, Salz, Rum, Hefe oder Backpulver zu einem leichten Hefeteig anrühren. Eischnee unterheben und warm gehen lassen.
In einer beschichteten Pfanne oder Dalkenform etwas Fett heiß werden lassen. Je einen Löffel Teig im Ausbackfett wie Pfannkuchen von beiden Seiten backen.

Anni Weinmüller
Kardinal-Wartenberg-Straße 7, 8262 Altötting

Bierkugeln

500 g Mehl
30 g Hefe
$^{1}/_{4}$ l Milch
50 g Butter
50 g Zucker
2 Eier
abgeriebene $^{1}/_{2}$ Zitrone
$^{1}/_{4}$ l Bier
30 g Zucker
Ausbackfett

Aus Mehl, Hefe, Milch, Butter, Zucker, Eiern und dem Abgeriebenen der Zitrone einen mittelfesten Hefeteig herstellen.
Zu einer faustdicken Rolle formen. Ca. 30 g schwere Stücke abschneiden, zu Kugeln rollen. Auf bemehltem Backbrett zugedeckt ca. 15 Minuten gehen lassen. In heißem Fett gleichmäßig braun backen, abtropfen lassen.
Bier mit Zucker in einem Topf erhitzen und ca. 5 Minuten kochen. Die gebackenen Kugeln auf eine Gabel spießen und in dem Biersud tränken. Auf einem Gitter abtropfen lassen.
Durch das »Bierbad« bekommen die Kugeln eine schöne braune Kruste.

Rosa Oberneder
Kinzesberg 10, 8391 Untergriesbach

Erdbeerkrapfen

Pfannkuchenteig:
2 Eier
1 EL Zucker
4 gehäufte EL Mehl
3 EL flüssige Sahne
Butter zum Backen

Ausbackteig:
2 Eier
1 EL Zucker
6 gehäufte EL Mehl
3 EL flüssige Sahne
Öl zum Ausbacken

Fülle:
250 g Erdbeeren
35 g Zucker
4 cl Kirschwasser

Puderzucker zum Bestreuen

Erdbeeren waschen, Stiele entfernen, große Früchte halbieren und in eine Schüssel geben. Zucker darüberstreuen und mit Kirschwasser begießen, dann mindestens 15 Minuten ziehen lassen. Früchte mehrmals wenden.
Für den Pfannkuchenteig die angegebenen Zutaten gut miteinander verrühren und 4 dünne Pfannkuchen backen.
Diese mit den abgetropften Erdbeeren gleichmäßig füllen.
Die aufgerollten Pfannkuchen in 3 Teile schneiden.
Ausbackteig zubereiten und die Pfannkuchen einzeln durch den Teig ziehen.
In heißem Öl 2–3 Minuten backen, dann herausnehmen und zum Abtropfen auf ein Gitter legen. Auf Tellern anrichten und dick mit Puderzucker bestreuen.

Therese Hein,
Gartenstraße 13, 8399 Neuhaus am Inn

Ersoffene Kapuziner

4 altbackene Semmeln
4 Eier
Milch zum Einweichen
Schmalz zum Backen
1/4 l Wein
Zimt
Rosinen

Semmeln leicht abreiben, der Länge nach in vier Teile schneiden. In kalter Milch einweichen, abtropfen lassen. Eier verquirlen und Semmelscheiben darin wenden.
In heißem Fett lichtgelb backen und auf einer Platte anrichten. Wein mit Zimt und Rosinen erhitzen, über die Semmelscheiben gießen. Zugedeckt ziehen lassen, bis der Wein teilweise aufgesaugt ist, dann servieren.

Ulrike Fuchs
Guglöd 26, 8351 St. Oswald

Himbeer-Milch-Sülze

1/2 l Himbeersaft
1/2 l Milch
200 g Zucker
12 Blatt Gelatine
etwas Mandelaroma
einige gehackte süße Mandeln

Gelatine in etwas Wasser auflösen. Himbeersaft erhitzen und mit 100 g Zucker und der Hälfte der Gelatine verrühren. Die zum Kochen gebrachte Milch mit 100 g Zucker, der 2. Hälfte der gelösten Gelatine, etwas Mandelaroma und den gehackten Mandeln vermischen. Himbeer- und Milchmasse abwechselnd in eine mit kaltem Wasser ausgespülte Form gießen. Die untere Schicht muß immer erstarrt sein, bevor die nächste darauf gegeben wird. Die noch nicht eingefüllte Sülzmasse inzwischen warmhalten.
Form nach dem Erstarren der Sülze auf eine runde Glasplatte stürzen, garnieren und mit Vanillesoße servieren.

Jutta Kelldorfuer
Adam-Regensburger-Straße 3, 8340 Pfarrkirchen

Hollerkiachl

12 Dolden vom blühenden Holler (Holunder)

150 g Mehl
2 Eier
1 EL Öl
1 Prise Salz
1 Prise Backpulver
etwas Weißwein oder Bier
Puderzucker oder Zimtzucker zum Bestreuen

Holunderdolden waschen und abtropfen lassen. Aus Mehl, Eiern, Öl, Salz, Backpulver und Wein oder Bier einen nicht zu dicken Pfannkuchenteig rühren. Die Holunderblütendolden in den Backteig tauchen und in heißem Fett goldgelb backen. Nach Belieben mit Puderzucker oder Zimtzucker bestreuen.

Maria Jahrstorfer
Deggendorfer Straße 41, 8351 Moos

Hollerko

$^{1}/_{2}$ l Holunderbeeren
1 Apfel oder 1 Birne
10 Zwetschgen
1 EL Zucker
ca $^{1}/_{2}$ l Wasser
1 Päckchen Vanillesoße

Holunderbeeren entstielen und verlesen, Apfel oder Birne in kleine Stücke schneiden. Zwetschgen entkernen und vierteln.
Wasser mit Zucker und Obst aufkochen, ziehen lassen, bis das Obst weich ist.
Vanillesoße mit etwas Wasser anrühren, in das Hollerko einrühren und nochmals aufkochen lassen.

Maria Baumgartner
Kirchberger Straße 3, 8359 Aldersbach

Quarkkrapferl

50 g Butter
50 g Zucker
1 P. Vanillezucker
etwas Zitronenschale
1 Ei
125 g Quark
150 g Mehl
50 g Speisestärke
1 TL Backpulver
4 TL Milch
Ausbackfett
Zucker

Butter mit Zucker und Ei schaumig rühren, Quark, Mehl mit Backpulver und übrige Zutaten zugeben. Mit einem Teelöffel Nockerl vom Teig abstechen und in heißes Fett geben.
Goldgelb backen und noch heiß in Zucker wälzen.

Christine Obieglo
Marktplatz 6, 8359 Schöllnach

Verschleiert's Bauernmädl

¼ kg Schwarzbrot
1 Tafel Zartbitterschokolade
80 g Zucker
½ kg Quark
1 P. Vanillinzucker
2 EL Johannisbeergelee

Brot entrinden, reiben oder zerkrümeln. Schokolade grob raspeln. Beides mit ca. 50 g Zucker vermischen. Zwei Eßlöffel davon zum Verzieren beiseite nehmen. Quark, übrigen Zucker und Vanillinzucker verrühren. Brotmischung und Quark abwechselnd in eine Glasschüssel schichten. Mit einer Quarkschicht abschließen. Die restliche Brotmischung darüberstreuen, Rand und Mitte mit Johannisbeergelee verzieren

Fränzis Damböck
Peter-Adam-Straße 3, 8340 Pfarrkirchen

Rhabarber-Kaltschale

Kaltschale:
500 g roten Rhabarber
200 g Zucker
20 g Stärkemehl
1 l Wasser

Vanillereis:
$^1/_2$ l Milch
25 g Zucker
125 g Reis
$^1/_4$ Vanillestange

Rhabarber waschen, nicht abziehen, in kleine Stücke schneiden. Wasser mit 200 g Zucker aufkochen, Rhabarber einlegen und weich kochen. Mit angerührtem Stärkemehl binden und abkühlen lassen. In flache Glasschalen füllen.

Milch mit 25 g Zucker und $^1/_4$ Vanillestange zum Kochen bringen. Gut gewaschenen Reis zugeben und bei geringer Hitze ausquellen lassen.
Reis in ausgespülte Förmchen drücken oder mit dem Löffel formen, auskühlen lassen und in der Rhabarber-Kaltschale servieren.

Elfriede Mühldorfer
Regierung von Niederbayern, Abt. Hauswirtschaft

Versoffene Jungfrauen

1 Ei
1 EL Mehl
1 EL Zucker
¼ l Weißwein
Sultaninen
etwas Zucker zum Bestreuen
Fett zum Ausbacken

Eiweiß zu Schnee schlagen, mit Mehl und Zucker vermischen. Vom Teig mit einem Teelöffel kleine Portionen abstechen und in heißem Fett goldgelb backen. Erkalten lassen, in eine Schale geben, mit Weißwein übergießen, Sultaninen und Zucker darüber streuen.

Franziska Raitner
Hochsteinstraße 3, 8390 Passau

Weinpudding

250 g Zucker
6 Eier, getrennt
2 EL heißes Wasser
250 g Semmelbrösel oder Kuchenbrösel
½ l Weißwein
½ l Apfelsaft
100 g Rosinen

Eigelb, Wasser und Zucker schaumig rühren. Eiweiß steif schlagen, Brösel und Schaummasse mischen, Eischnee unterheben. Ca. 30 Minuten bei 170–180 Grad in einer Kranzform backen. Das erkaltete Gebäck in eine Glasschüssel legen.
Mit dem Gemisch aus heißem Apfelsaft und Weißwein sowie Rosinen übergießen und über Nacht kalt stellen.

Elisabeth Welter
8441 Niederharthausen 8

Süßes zum Kaffee

Auszogne ➛
Baumwollstrizl ➛
Photographie-Rahmerl ➛
Kapuzinerknödel ➛

Apfelbrot

2 kg Äpfel
500 g getrocknete Feigen
500 g Rosinen
500 g Zucker
300 g grob gemahlene Nüsse
1/8 l Rum
150 g Zitronat
1300 g Mehl
3 EL Kakao
1 P. Lebkuchengewürz
1 TL Zimt
1 MSP Nelken
2 1/2 P. Backpulver
Ingwer, Muskat
Fett für die Formen

Äpfel schälen, entkernen und fein schneiden, Feigen würfeln. Mit Rosinen, Zucker und Nüssen vermengen. Mit Rum und Zitronat ziehen lassen. Mehl mit Backpulver, Kakao und Gewürzen zugeben, alles gut vermischen. In gefettete Kastenformen füllen und bei 180 Grad ca. 1 1/2 Stunden backen.

Heroldine Weiß
Scheureck, Fürstenzell

Apfelkuchen mit Nüssen

Teig:
75 g Magerquark
3 EL Milch
3 EL Öl
40 g Zucker
1 P. Vanillezucker
1 Prise Salz
150 g Mehl
$^1/_2$ P. Backpulver

Belag:
50 g gemahlene Nüsse
2 Eigelb
125 g Sauerrahm
50 g Zucker
400 g säuerliche Äpfel
4 EL Aprikosenkonfitüre

Aus den genannten Zutaten einen Quark-Öl-Teig bereiten und diesen in eine gefettete Springform drücken.
Nüsse, Eigelb, Sauerrahm und Zucker verrühren und auf dem Teigboden verteilen. Die in Spalten geschnittenen Äpfel fächerförmig auf den Teig legen. Bei 200 Grad ca. 30 Minuten backen.
Den heißen Kuchen mit der erwärmten Aprikosenkonfitüre bestreichen.

Irmgard Grundner
Kastenstadt 26, 8268 Wald/Alz

Auszogne

500 g Mehl
4 Eier
etwas Salz
1 geh. EL Zucker
1 Würfel Hefe
1 EL zerlassene Butter
$^{1}/_{8}$ l lauwarme Milch
Rosinen nach Belieben
Puderzucker zum Bestreuen

Aus den Teigzutaten einen mittelfesten Hefeteig herstellen und zugedeckt an einem warmen Ort gehen lassen. Wenn sich der Teig verdoppelt hat, mit einem Eßlöffel Bällchen abstechen. Mit dem Handballen das Teigstück in kreisenden Bewegungen auf einem bemehlten Nudelbrett zu einer glatten Kugel formen.
Teigkugeln nebeneinander auf ein bemehltes Brett setzen und mit einem feuchtwarmen Tuch zudecken. Nochmals gehen lassen. Teigbällchen über dem Handrücken in der Mitte dünn ausziehen. Nun in das heiße Butterschmalz einlegen. Wenn am Rand keine Fettsiedebläschen mehr aufsteigen, die Auszognen mit heißem Butterschmalz begießen. Ist die Unterseite goldgelb gebacken, vorsichtig wenden und fertigbacken.
Auf einem Rost abtropfen lassen und nach Belieben mit Puderzucker bestreuen.

Brigitte Sedlmeier
Klosterschwaige 2, 8353 Osterhofen

Baumwollstritzl

500 g Mehl	1/8 l Sahne
2 Eier	1 MSP Backpulver
1 Prise Salz	1 verquirltes Eigelb
125 g Butter	Backfett

Mehl, Eier, Salz, Butter, Sahne und Backpulver zu einem glatten Teig verrühren, eine Viertelstunde ruhen lassen. Auf einem Nudelbrett dünn auswellen. Mit dem Teigrädchen ca. 10 cm × 6 cm große Rauten ausrädeln, diese durch verquirltes Eigelb ziehen und ins heiße Fett legen.
Mit der Schöpfkelle auf die obere Seite der Stritzl heißes Fett schöpfen, damit sie schön aufgehen. Sie sollen innen hohl sein und die Form eines Kopfkissens haben.

Anna Probst
Regener Straße 2, 8371 Langdorf

Feiner Zwetschgenkuchen

125 g Margarine	250 g Mehl
125 g Zucker	1/2 P. Backpulver
100 g Marzipan-Rohmasse	4 EL Milch
3 Eier	1 kg Zwetschgen
1/2 Bittermandelaroma	Puderzucker

Margarine und Zucker schaumig rühren. Marzipan in Stücke schneiden, hinzufügen und glattrühren. Nach und nach die Eier dazugeben. Bittermandelaroma, Milch und zuletzt das gesiebte Mehl mit dem Backpulver unterrühren.
Teig in eine gefettete Springform geben und die geviertelten Zwetschgen dicht darauf setzen.
Bei 175 Grad ca. 60–70 Minuten backen.
Nach dem Erkalten mit Puderzucker bestreuen.

Anneliese Berreiter
Unghausen 10, 8261 Mehring

Festtagskrapfen

Teig:
80 g Butter
1/4 l Milch
4 Eigelb
1 Prise Salz
20 g Zucker
2 TL Rum
600 g Mehl

Fülle:
1/8 l Milch
100 g Zucker
40 g Butter
160 g Mohn
2 TL Honig
250 g gedörrte Birnen
2 TL Zimt
Fett zum Ausbacken

Für die Fülle Milch mit Zucker und Butter zum Kochen bringen, vom Herd nehmen und Mohn, Honig, gedörrte Birnenschnitze und Zimt unterrühren. Kalt stellen.
Butter in Milch schmelzen, lauwarm mit Eigelb, Salz und Zucker verrühren. Rum zugeben und Mehl einarbeiten.
Mittelfesten Teig zu zwei sehr dünnen Platten auswellen. Eine Platte in regelmäßigen Abständen mit 2 Eßlöffeln Fülle belegen. Die Zwischenräume mit Eiweiß bestreichen. Zweite Platte darüberlegen und in den Zwischenräumen fest andrücken.
Vierecke, in deren Mitte sich die Fülle befindet, ausradeln und in heißem Fett schwimmend backen.

Familie Lechner
Schärdinger Straße 49, 8390 Passau

Gefüllte Kirschhörnchen

250 g Mehl
125 g Butter
2 Eidotter
20 g Hefe
etwas Zucker
Salz
Milch nach Bedarf
Puderzucker zum Bestreuen
ca. 250 g Kirschen

Aus Mehl, Butter, Eidotter, Hefe, Zucker, Salz und Milch einen mittelfesten Hefeteig herstellen. Teig an einem warmen Ort gehen lassen, dann auswellen und in dreieckige Stücke rädeln. Mit entkernten Kirschen belegen und zu Hörnchen zusammenrollen. Bei 200 Grad ca. 30 Minuten backen. Nach dem Erkalten mit Puderzucker bestreuen.

Klara Loibl
Ittlinger Hauptstraße 13, 8440 Straubing

Griebenkuchen

200 g Grieben
200 g Zucker
3 Eier
2 TL Zimt
2 EL gemahlene Nelken
350 g Mehl
1 P. Backpulver
ca. 1/4 l Milch

Grieben durch den Fleischwolf drehen, mit Zucker, Eiern, Zimt und Nelken schaumig rühren. Mehl, Backpulver und Milch untermengen und in eine Gugelhupfform füllen. Bei 200 Grad ca. 60 Minuten backen.

Christa Schinhärl
Altenmarkt 70 c, 8399 Fürstenzell

Grießkuchen

4 Eier
200 g Zucker
250 g Grieß
1 MSP Backpulver
$1^1/_2$ l heiße Milch
2 P. Vanillezucker
oder 3 bis 4 Tropfen Rumaroma

Zucker und Eigelb in einer Schüssel schaumig rühren. Wenn die Masse cremeartig geworden ist, Grieß und Backpulver zugeben. Dann den Eischnee unterheben. Masse in eine gefettete Auflaufform geben und bei 200 Grad etwa 30 bis 40 Minuten backen.
Milch mit Rumaroma oder Vanillezucker zum Kochen bringen, auf den noch heißen Kuchen gießen. Auskühlen lassen und für ca. zwei Stunden in den Kühlschrank stellen.

Maria Löw
Schöffau 4, 8399 Rottalmünster

Hasenöhrl

140 g Mehl
35 g Butter
1 EL Sauerrahm
1 Ei
1 Eigelb
Salz
Zucker und Zimt zum Bestreuen

Aus den Zutaten einen Mürbteig kneten und zwei Stunden ruhen lassen.
Messerdick ausrollen und mit dem Küchenrädchen Rauten ausradeln. In heißem Fett schwimmend backen, mit Zucker und Zimt bestreuen.

Hilde Lechner
Piracher Straße 1, 8263 Burghausen

Heidelbeerkrapfen

pro Person:
1/8 l Heidelbeeren
ca. 100 g Mehl
30 ml Milch
1 Ei

Fett zum Backen
Zimtzucker zum Bestreuen

Mehl in eine Schüssel geben, Heidelbeeren mit dem Mehl so lange vorsichtig rütteln, bis alle Beeren bemehlt sind. Milch mit Ei verquirlen und vorsichtig unterheben.
Fett in einer Pfanne erhitzen. Einen Eßlöffel ins heiße Fett tauchen und eigroße Stücke von der Heidelbeermasse abstechen. Im heißen Fett auf beiden Seiten goldgelb backen. Nach Belieben mit Zimtzucker bestreuen.

Rosa Weber
Hauptstraße 20, 8351 Hunding

Kartoffelhörnchen

250 g Kartoffeln
1 Prise Salz
250 g Mehl
125 g Zucker
1 P. Vanillezucker
1 Ei
80–100 g Butter
Zwetschgenmarmelade für die Füllung

Die Kartoffeln schälen, kochen und durchpressen. Sämtliche Zutaten (außer Marmelade) dazugeben und gut vermischen.
Den Teig dünn auswellen, Dreiecke ausradeln, mit Zwetschgenmarmelade füllen und zu Hörnchen formen.
Bei 175 Grad ca. 10 Minuten backen.

Siglinde Janker
Taberthausener Straße 7, 8350 Plattling

Himmlische Torte

Rührteig:
100 g Butter
125 g Zucker
4 Eigelb
150 g Mehl
$^{1}/_{2}$ TL Backpulver

Baiser:
4 Eischnee
200 g Zucker
100 g Mandelblättchen

Füllung:
2 Becher Sahne
2 Becher Sauerrahm
75 g Zucker
Saft einer Zitrone
6 Blatt Gelatine

Aus den angegebenen Zutaten Rührteig herstellen und die Hälfte davon in eine mit Backpapier ausgelegte Springform streichen. Die Hälfte der Baisermasse darauf verteilen, Mandelblättchen darüber streuen, bei Mittelhitze ca. 15 bis 20 Minuten backen. Mit der zweiten Hälfte von Rührteig und Baisermasse ebenso verfahren (bei Umluftherd in einem Arbeitsgang).
Für die Fülle Sahne mit Zucker steif schlagen.
Sauerrahm und Zitronensaft unterheben, aufgelöste Gelatine einrühren. Fülle auf einen der Böden streichen, den zweiten Boden darauf setzen. Dazu evtl. Tortenring verwenden. Kalt stellen.

Mathilde Kehl-Waas
Haunerstraße 9, 8357 Haidlfing

Käsekuchen Ruthilde

Streusel:
250 g Mehl
25 g Kakao
½ P. Backpulver
125 g Zucker
1 P. Vanillinzucker
1 Ei
125 g Butter

Quarkbelag:
500 g Quark
125 g Butter
3 Eigelb
125 g Zucker
½ P. Vanillepuddingpulver
1 EL Zitronensaft
1 P. Vanillinzucker
3 Eiweiß

Angegebene Zutaten zu Streuseln verarbeiten. Die Hälfte davon in eine Springform drücken. Für die Fülle Butter, Eigelb und Zucker schaumig rühren. Quark, Puddingpulver, Zitronensaft und Vanillinzucker untermengen. Zuletzt Eischnee unterziehen. Quarkbelag auf die Streusel geben, den Rest der Streusel darüber verteilen. Bei 175 Grad ca. 1 Stunde backen.

Rita Schütz
Metting 21, 8448 Leiblfing

Käsetorte mit Mandarinen

Mürbteig:
200 g Mehl
1 TL Backpulver
125 g Zucker
125 g Butter
1 Prise Salz
1 Ei

Belag:
500 g Quark
3 Eigelb
125 g Zucker
1 P. Vanillezucker
1 P. Vanillepudding
3/8 l Milch
1 Dose Mandarinen

Haube:
3 Eiweiß
100 g Zucker

Mürbteig aus den angegebenen Zutaten herstellen, auswellen. Springform damit auslegen, Teig auch am Rand hochziehen. Für den Belag Zutaten verrühren, auf den Mürbteig füllen und mit abgetropftem Obst belegen. Etwa 40 Minuten bei Mittelhitze backen. Eiweiß mit Zucker steif schlagen, als Haube über dem Kuchen verteilen und nochmals 10 Minuten überbacken.
Mandarinen können durch beliebiges Obst ausgetauscht werden.

Marianne Scheiblhuber
Am Bahnhof 7, 8399 Malching

König Ludwigs Lieblingskuchen

Teig:
250 g Mehl
200 g weiche Butter
80 g Zucker
4 EL Weißwein
etwas Mehl zum Verkneten

Füllung:
800 g Äpfel, geschält und gehobelt
Zimt, Zucker und
Rosinen nach Belieben

Glasur:
Puderzucker und Wasser,
ev. etwas Rum oder Zitronensaft

Mehl, Butter, Zucker und Weißwein zu einem Mürbteig verarbeiten. Gut die Hälfte des Teiges in eine Springform legen, Apfelmischung darauf verteilen. Den Rest des Teiges mit etwas Mehl verkneten, ausrollen, Streifen ausradeln und als Gitter über die Apfelfülle legen. Bei 180 Grad ca. 50 Minuten backen.
Den warmen Kuchen mit Puderzuckerglasur bestreichen.

Martha Greil
Großbärnbacher Straße 1, 8379 Bischofsmais

Kremkuchen

210 g Butter
240 g Mehl
70 g Zucker
4 Eidotter
etwas abgeriebene Zitronenschale

1/2 P. Backpulver
350 g Marmelade
4 Eiweiß
150 g Zucker

Mehl mit Backpulver vermischen, Zucker, Butter und Eidotter auf dem Backbrett einarbeiten, auswellen und auf ein Backblech legen. Bei Mittelhitze goldgelb backen. Marmelade darauf streichen. Eiweiß mit 150 g Zucker zu steifem Schnee schlagen. Masse über dem Kuchen verteilen, nochmals kurz überbacken, bis der Eischnee lichtgelb gefärbt ist.

Anna Hofmann
Rennweg 5, 8441 Aiterhofen

Mandelschnitten

200 g Butter
125 g Zucker
1 Vanillinzucker
1 Ei
etwas Backaroma Zitrone
250 g Mehl
1 P. Puddingpulver Mandelgeschmack
1 TL Backpulver
100 g geriebene Mandeln
etwas Sauerrahm
250 g Himbeermarmelade
200 g Puderzucker
3 Tropfen Bittermandelaroma
Kokosfett
Mandelblättchen

Butter, Zucker, Vanillinzucker, Ei, Backaroma Zitrone, Mehl mit Backpulver, Puddingpulver und geriebene Mandeln mit dem Sauerrahm verkneten. Teig auswellen und auf einem gefetteten Blech bei Mittelhitze ca. 20 Minuten backen.
Die Teigplatte halbieren, mit Himbeermarmelade füllen und beide Hälften aufeinandersetzen.
Guß aus Puderzucker, Bittermandelaroma und Kokosfett herstellen und den Kuchen damit überziehen, mit Mandelblättchen bestreuen. Kuchen in Rauten schneiden.

Maria Zens
Straubinger Straße, 8446 Mitterfels

Mohnkuchen

200 g Butter
200 g Zucker
1 P. Vanillinzucker
6 Eier, getrennt
250 g gemahlenen Mohn
125 g geriebene Mandeln
1 TL Backpulver
3 EL Rum

Guß:
125 g Puderzucker
2 EL Rum

Butter, Zucker und Eigelb schaumig rühren. Mohn, Mandeln, Backpulver und Rum dazugeben. Eiweiß steif schlagen und unterheben. In eine gefettete Form geben und bei 175 Grad 60 Minuten backen.
Nach dem Erkalten mit Puderzuckerglasur überziehen.

Katharina Fendt
Franz-Pussl-Straße 24, 8301 Niederaichbach

Passauer Schlosserbuam

2 Eier
3 EL Zucker
1/4 l helles Bier
2 EL Öl
250 g Mehl
1 MSP geriebene Muskatnuß

24 Dörrzwetschgen
24 Mandeln
50 g geriebene Schokolade
50 g Zucker
Ausbackfett

Eier und Zucker schaumig rühren. Bier und Öl zugeben. Mehl mit Muskatnuß unter die Masse rühren, bis ein dickflüssiger Teig entsteht. 1/2–1 Stunde ruhen lassen und nochmals rühren. Aus den Dörrzwetschgen die Steine entfernen und dafür Mandeln einsetzen. In den Bierteig tauchen und in heißem Fett goldgelb backen. Schlosserbuam noch heiß in einer Mischung aus geriebener Schokolade und Zucker wenden.

Gertraud Dichtl
Jahnstraße 6, 8392 Waldkirchen

Photographie-Rahmerl

2 P. viereckige Backoblaten
1 Glas Zwetschgenmarmelade

Backteig:
250 g Mehl
1 Prise Salz
2 Eier
1/4 l Milch
Fett zum Ausbacken

Oblaten in Quadrate oder Rechtecke mit einer Kantenlänge von ca. 7 cm schneiden. Je 2 Oblaten mit etwas Zwetschgenmarmelade zusammensetzen.
Aus Mehl, Salz, Eiern und Milch einen dickflüssigen Teig rühren. Die vorbereiteten Oblaten rundherum (an den vier Kanten) vorsichtig ca. 1 cm tief in den Backteig tauchen und in Fett schwimmend beidseitig goldgelb backen.
Auf Küchenpapier abtropfen lassen und heiß servieren.

Marianne Huber
Sturzholz 9, 8345 Birnbach/Rottal 1

Quarktaschen

150 g Butter
150 g Mehl
150 g Quark (passiert)
1/4 TL Salz
100 g Marmelade
1 Eiklar zum Bestreichen
Zucker zum Bestreuen

Butter und Mehl abbröseln, mit Quark und Salz vermischen und rasch zusammenkneten. Nach halbstündigem Ruhen Teig gut messerrückendick ausrollen und Quadrate von 8 cm Seitenlänge ausradeln. In die Mitte einen Teelöffel Marmelade setzen, die Ränder mit Eiklar bestreichen, die Tascherl zusammenschlagen.
Mit Eiweiß bestreichen und im vorgeheizten Rohr bei 200 Grad ca. 20 Minuten hellbraun backen. Noch heiß zuckern und warm servieren.

Josef Schmaus
Stadtplatz 5, 8374 Viechtach

Rahmwaffeln

6–8 Eier
1 EL Zucker
500 g Mehl
1/2 l süße Sahne
etwas Sauerrahm
250 g Butter
1 Prise Salz

Eigelb mit Zucker gut verrühren, Mehl unterziehen, danach die zerlassene Butter, Salz, Sahne und Sauerrahm einrühren. Das steif geschlagene Eiweiß unterheben.
Waffeleisen fetten und Waffeln backen.

Ingrid Ausböck
Grünaustraße 38, 8390 Passau

Rosinenschnecken

300 g Mehl
20 g Hefe
1 Ei
etwas Salz
2 EL Zucker
2 EL Öl
$^{1}/_{8}$ l lauwarme Milch

50 g Butter
2 EL Rahm
ca. 150 g Rosinen

Mehl mit Hefe gut vermischen, Ei, Salz, Zucker, Öl und Milch zugeben.
Den Teig gut durcharbeiten, bis er Blasen wirft. Zugedeckt 20 Minuten gehen lassen. Zu einem Quadrat ausrollen, mit zerlassener Butter und Rahm bestreichen. Rosinen darüber verteilen. Teig aufrollen und in ca. 3 cm dicke Scheiben schneiden.
Die Schnecken auf ein gefettetes Backblech setzen, flachdrücken. Etwa 10 Minuten gehen lassen, dann bei 200 Grad ca. 25 Minuten backen.

Maria Zens
Straubinger Straße, 8446 Mitterfels

Rotweinkuchen nach Großmutter Katharina

250 g Butter
250 g Zucker
5 Eier
200 g gemahlene Haselnüsse
100 g geriebene Schokolade
250 g Mehl
1 P. Backpulver
1 Tasse Rotwein
Puderzucker

Butter mit Zucker und Eiern schaumig rühren, Nüsse, Schokolade und Mehl mit Backpulver untermengen, Rotwein zugeben. Teig in eine Springform von 28 cm Durchmesser füllen und bei Mittelhitze backen. Mit einem Guß aus Puderzucker, Rotwein und etwas Wasser überziehen.
Großmutter Katharinas Rotweinkuchen bleibt lange frisch und saftig, wenn man ihn in einer Blechdose aufbewahrt.

Andrea Straub
Frühlingsstraße 7, 8766 Großheubach

Scheitenküchl

3 Eigelb
1 Ei
1 Prise Salz
2 EL Zucker
1 EL Rum
200 g Mehl
Backfett
Puderzucker

Aus Eigelb, Ei, Salz, Zucker, Mehl und Rum einen geschmeidigen Nudelteig herstellen. Fingerdicke Rollen ausformen. 2 cm dicke Stücke abschneiden und sehr dünn auswellen. In heißes Backfett geben und mit zwei Gabeln leicht an den Kanten zusammenschieben, so daß Falten entstehen. Scheitenküchl goldgelb backen, herausnehmen, abtropfen lassen und mit Puderzucker bestäuben.

Brigitte Lehner
Bayerwaldstraße 6, 8441 Falkenfels

Schornblattltorte

3 Eier (wiegen)
3 Eischwer Zucker
2 Eischwer Mehl
3 bis 4 Becher Schlagsahne
Vanillezucker
Kakao oder Schokostreusel nach Belieben

Eier schaumig rühren, mit Zucker und Mehl zu einem Teig verarbeiten. Auf einem Backpapier mit einem Springformboden einen 26 cm Kreis aufzeichnen, 1 EL des Teiges gleichmäßig darauf verteilen und bei ca. 170 Grad 5–10 Minuten hellgelb backen. Aus der Teigmenge ca. 10 solcher Böden backen.
Sahne steif schlagen, mit Vanillezucker süßen. Alle Böden mit Sahne aufeinandersetzen, oberste Schicht ist Sahne. Ränder der Torte sollen sichtbar bleiben. Torte einfrieren, und etwa 2 Stunden vor dem Verzehr aus dem Gefriergerät nehmen.
Nach Belieben mit Kakao oder Schokostreuseln verzieren.
Im Heißluftherd können 4 Böden gleichzeitig gebacken werden.
Die Torte kann in der Gefriertruhe bis zu 3 Monate gelagert werden.

Hildegard Rust
Amt für Landwirtschaft, Straubing

Schuxen

1 kg Mehl
40 g Hefe
2–3 EL lauwarme Milch
1 TL Zucker
2 Eier
500 g Quark
100 g zerlassene Butter
etwas Salz
$^{1}/_{4}$–$^{3}/_{8}$ l Milch
Ausbackfett
Puderzucker oder Zucker zum Bestreuen

Aus der Hefe, lauwarmer Milch und Zucker Dampferl herstellen und ca. 20 Minuten gehen lassen.
Eier, Quark, zerlassene Butter und Salz gut verrühren, Mehl dazugeben und Milch und Dampferl zu einem mittelfesten Hefeteig verarbeiten.
Gut abschlagen und ca. 25 Minuten gehen lassen.
Mit einem Löffel Nudeln abstechen, mit der Hand nachformen und auf ein bemehltes Brett legen. Nochmals gehen lassen. Dann mit den Fingern wie Küchel ausziehen und in Schmalz ausbacken.
Mit Zucker oder Puderzucker bestreuen.

Roswitha Friedrich
Kreuzbach, 8359 Haarbach

Straubinger Josefitorte

Teig:
150 g Butter
100 g Zucker
3 Eier
6 EL Milch
2 EL Schnaps
500 g Mehl
1 P. Backpulver
etwas Zimt
Muskat und Piment
geriebene Zitronenschale

Füllung:
150 g geriebene Haselnüsse
3 EL Milch
50 g Honig
50 g Zucker
3–4 grob geraspelte Äpfel
eine Handvoll Weinbeeren
etwas Zimt

Mehl, Butter, Zucker, Eier, Milch, Schnaps, Backpulver, Zimt, Muskat, Piment und abgeriebene Zitronenschale zu einem Teig verkneten und fünf gleich große Platten auswellen. Fülle aus Haselnüssen, Milch, Honig, Zucker, Äpfeln, Weinbeeren, Zimt herstellen.
Teigplatten und Fülle abwechselnd in eine Springform schichten. Die letzte Teigplatte mit Butter bestreichen.
Die Torte ca. 1 Stunde backen und ausgekühlt mit Zucker bestreuen.

Einen Tag ruhen lassen.

Theresia Süss
Salzmann 2, 8358 Vilshofen 4

Süße Eheringerl

6 Eiweiß
3 Eidotter
120 g Zucker
40 g Butter
350 g Mehl
1 Ei zum Bestreichen
gehackte Haselnüsse
oder Mandeln zum Bestreuen

Eiweiß zu festem Schnee schlagen, Zucker einrieseln lassen. Eidotter, Mehl und zerlassene Butter vorsichtig untermengen. Teig auf einem Brett zu einer Rolle formen und kleine Stücke abtrennen. Daraus kleine Ringerl formen, mit Ei bestreichen und mit gehackten Mandeln oder Nüssen bestreuen. Auf einem gefetteten Blech bei 175 Grad ca. 15 Minuten backen.

Sieglinde Piehatzek
Mitterweg 19 a, 8268 Garching

Wollkücherl

10 Eigelb
1 Ei
50 g Butter
1/2 TL Salz
3 EL Zucker
1/4 l Sahne
Mehl nach Bedarf
Fett zum Ausbacken
Puderzucker zum Bestäuben

Eigelb, Ei, Zucker, Salz und Butter in einer Schüssel schaumig rühren. Sahne zugeben und so viel Mehl beimengen, daß der Teig gut zu kneten ist. Teig ausrollen, verschiedene Formen ausradeln und in Fett schwimmend backen. Mit Puderzucker bestäuben.

Resi Bauer
Oberhofen 8, 8371 Kollnburg

Besondere Schmankerl

Nußgeist ➛

Bärenfang

$^1/_2$ l Wasser
500 g Honig
$^1/_2$ l Weingeist 96 %

Das Wasser aufkochen und auf ca. 40 Grad abkühlen lassen. Honig darin unter Rühren auflösen. Weingeist zugeben und vorsichtig vermischen.
In Flaschen füllen und gut verschließen.
Mindestens 4 bis 5 Wochen lagern.

Leni Bichler
Moosackerweg 11, 8262 Altötting

Bauernkaviar

125 g Quark
4 gewiegte Sardellen
1 EL Kapern
Salz, Pfeffer
etwas geriebene Zwiebel
1 EL zerlassene Butter

Quark mit Sardellen, Kapern, Zwiebel und Butter vermischen, mit Salz und Pfeffer abschmecken. Kurz ruhen lassen, kühl servieren.

Gertraud Veitweber
Primsdobl 4, 8358 Vilshofen 4

Bayerische Preiselbeeren

2 kg Rote Johannisbeeren
1 1/2 bis 2 kg Zucker

Johannisbeeren entstielen, waschen, abtropfen lassen. Mit Zucker vermischt über Nacht stehen lassen.
Am nächsten Tag langsam zum Kochen bringen und etwa 1 1/2 bis 2 Stunden leicht köcheln lassen, bis die Masse eindickt.
Heiß in Gläser füllen und verschließen.

Bernadette Staudinger
Donaustraße, 8441 Reibersdorf

Beschwipste Weichsel

2 kg Weichsel
1 kg Zucker
1 l Rotwein
1/4 l Rum
1 Zimtstange

Weichsel mit Zucker bestreuen, mit Rotwein übergießen, Zimtstange zugeben. Über Nacht stehen lassen. Am nächsten Tag Zimtstange herausnehmen, alles langsam erhitzen und einmal aufkochen lassen.
Rum zugießen und sofort in Schraubgläser füllen.
Schmeckt herrlich zu Eis und Pudding.

Rita Brunner
Feldöd 1, 8383 Aufhausen

Blutkuchen

6 alte, harte Semmeln
$^1/_2$ l Fleischbrühe
250 g frischen Speck
Zwiebel
Salz, Pfeffer
Majoran
1 große Tasse frisches Schweineblut

Die in Scheiben geschnittenen Semmeln in Fleischbrühe einweichen, bis sie vollgesogen sind.
Den Speck würfeln, die Zwiebeln hacken. Speck, Zwiebelwürfel und Gewürze zu den eingeweichten Semmeln geben, das Blut unterrühren und alles in einer Pfanne als großen Pfannkuchen ausbacken.
Dazu schmecken frisches Brot oder Salzkartoffeln

Marion Wächter-Morcinietz
Waldstraße 67, 6307 Linden

Blutsack

10 Semmeln in Scheiben
etwas warme Milch
Salz, Pfeffer
1 TL Majoran
$^1/_2$ l frisches Schweineblut
1 große Zwiebel
2 Knoblauchzehen
1 Kopffleisch von einem Schwein

Semmelscheiben mit warmer Milch einweichen, mit Salz, Pfeffer und Majoran würzen. Zwiebel, gekochtes und abgelöstes Kopffleisch und Knoblauch durch die Fleischmaschine drehen.
Fleischmasse mit dem Semmelteig mischen, Blut unterrühren. In Papierdarm füllen, in eine Reine legen. Etwas Wasser seitlich aufgießen. Ca. 45 Minuten im Backrohr bei 200 Grad unter öfterem Wenden garen.
Tip: Papierdarm nicht ganz füllen, da er sonst platzt.

Maria Haberl
8383 Pitzling 21

Bonbons

1 kg Zucker
½ l Wasser
1 Vanilleschote
einige Tropfen Öl

Zucker, Wasser und ausgekratztes Vanillemark erhitzen, Öl zugeben. Kochen lassen, bis die auf dem Wasser schwimmenden Öltropfen krachen. Etwas abkühlen lassen.
Masse auf eine mit Öl bepinselte Porzellan- oder Marmorplatte gießen, glattstreichen und noch heiß in Würfel schneiden.

Elfriede Mühldorfer
Regierung von Niederbayern, Abt. Hauswirtschaft

Eierkäse

1 l Vollmilch (muß 3 Tage alt sein)
4 Eier
Zucker nach Geschmack
ca. 50 g Rosinen

In einem Topf mit großem Durchmesser Milch langsam erhitzen, Zucker zugeben. Eier verquirlen und in die Milch einlaufen lassen. Langsam rühren, bis die Masse kocht. Wenn sie zu stocken beginnt, vom Herd nehmen und Rosinen zufügen.
Als Nachspeise servieren.

Therese Wickl
Kollenöd 1, 8399 Rotthalmünster

Eingelegte Eier

12 Eier
3 gehäufte EL Salz
2 Chilischoten
1 Zweig Thymian
1 kl. Zwiebel
2 Lorbeerblätter
1 TL Kümmel
1 l Wasser

Eier 10 Minuten kochen, in kaltem Wasser abschrecken, schälen. Wasser mit Salz, Chilischoten, Thymian, Zwiebel, Lorbeerblätter und Kümmel etwa 10 Minuten kochen.
Eier in Glasgefäß legen und den erhitzten Sud darübergießen. Kühl stellen und zwei Tage ziehen lassen.
Dazu schmeckt Butterbrot.

Waltraud Klein
Mühlbachstraße 19, 8261 Emmerting

Eingesalzene Suppenkräuter

1 kg Zwiebeln
1 kg Sellerie (Blätter und Knolle)
1 kg Karotten
600 g frisches Basilikum
600 g frische Petersilie
1,4 kg Salz

Gemüse und Kräuter waschen, gut trocknen, putzen und klein schneiden.
Schichtweise in kleine Portionsgläser oder Steinguttöpfchen einlegen und jede Schicht salzen.
Behälter gut verschließen (Schraubdeckel oder Einmachhaut) und an einem lichtgeschützten Ort aufbewahren.
Nach der Entnahme von Kräutern wieder gut verschließen.

Marion Wächter-Morcinietz
Waldstraße 67, 6307 Linden

Erdäpfelkas

500 g mehligkochende Kartoffeln
2 Zwiebeln
250 g Sauerrahm (10 %)
Salz, Pfeffer
Kräuter nach Belieben

Kartoffeln mit der Schale kochen, pellen und durch die Presse drücken. Zwiebeln schälen, fein würfeln und glasig dünsten. Dann mit Salz, Pfeffer und Sauerrahm unter die Kartoffelmasse mischen. Mit Schnittlauch oder anderen Kräutern nach Geschmack verfeinern. Eignet sich sehr gut als Brotaufstrich.

Kriemhild Ruhland
Flughafenweg 12, 8441 Geltolfing

Gebackene Kirschen

frische Kirschen
2 Eidotter
80 g Mehl
4 Eiweiß
1 cl Rum
Schmalz zum Ausbacken

Jeweils fünf Kirschen zusammenbinden. Aus Eidottern, Rum und Mehl einen Teig rühren, Eiweiß steif schlagen und unterheben. Kirschen in den Backteig tauchen und in heißem Fett goldgelb backen.

Gertraud Veitweber
Primsdobl 4, 8358 Vilshofen 4

Großmutters Griebenschmalz

500 g Filz (Bauchfett) durchgedreht
500 g Speck in Würfeln
500 g Schweineschmalz
2 große Zwiebeln in Würfeln
2 große saure Äpfel in Würfeln
1 TL Majoran
$^1/_2$ TL Thymian

Filz, Speck und Schmalz in einem Topf zerlassen und leicht bräunen. Zwiebel- und Äpfelwürfel nach und nach zugeben. Würzen mit Majoran und Thymian. Masse etwas bräunen lassen und in einen Steintopf füllen. Kühl aufbewahren.
Schmeckt am besten auf frischem Brot.

Elisabeth Koll
Erlenweg 6, 8399 Prienbach

Heidelbeertraum

1 kg Heidelbeeren
2,5 l Wasser
500 g Zucker
3 Nelken
$^1/_2$ Zimtstange
Saft und Schale einer unbehandelten Zitrone
$^1/_8$ l Rum

Heidelbeeren verlesen, waschen, abtropfen lassen. Mit Zucker, Nelken, Zimt und Zitrone im Wasser ca. 15 Minuten kochen lassen.
Abseihen, Rum zugeben und noch heiß in heiß ausgespülte Flaschen füllen.

Theres Orywal
Birkhamerstraße 24, 8390 Passau

Hirgstmillisuppn

Herbstmilchsuppe

In ein großes Steingutgefäß oder einen Holzbottich gibt man Saure Milch mit einigen frischen Weintrauben – daher Herbstmilch – und läßt den Inhalt gären. Von Zeit zu Zeit muß die oberste Gärschicht abgeschöpft werden. Man kann immer wieder mit saurer oder süßer Milch nachschütten und umrühren. Herbstmilch an einem kühlen, aber nicht kalten Ort aufbewahren. Die Hirgstmilli ist die Ursubstanz für die Milchsuppe, die man daraus das ganze Jahr über zubereiten konnte.

Man verrührt einen $^{1}/_{4}$ l Herbstmilch mit 3 EL Mehl und gibt es in einen Liter kochendes Salzwasser. Unter ständigem Umrühren läßt man noch einmal aufkochen.
In Suppenteller gibt man Salzkartoffeln und Rahm.
Nun wird die Suppe eingefüllt.

Magda Zechmeister
Brucknerstraße 43, 8263 Burghausen 1

Holunderbowle

6 Holunderblütendolden
4 EL Himbeersirup
2 Flaschen Weißwein
2 Flaschen Sekt

Holunderblütendolden gut abschütteln, waschen und in ein Bowlegefäß geben. Mit Himbeersirup beträufeln und ziehen lassen. Mit zwei Flaschen Weißwein ansetzen und über Nacht kalt stellen. Blüten herausnehmen, Bowle abseihen und mit Sekt auffüllen.
Kühl servieren.

Maria Saller
Waltersau 4, 8498 Arnbruck

Holunderlikör

1,5 kg Holunderbeeren
1 1/2 l Wasser
1/2 Vanilleschote
500 g Zucker
1/2 l Weingeist (96 %)

Die gewaschenen, abgezupften Beeren mit dem Wasser zum Kochen bringen. Eine Stunde kochen lassen, durch ein Sieb gießen und über Nacht abtropfen lassen. Am nächsten Tag die Beeren mit der Hand noch leicht ausdrücken. Saft mit Zucker und Vanillestange zugedeckt bei kleinem Feuer 70 Minuten kochen lassen. Nach dem Erkalten Saft mit Weingeist vermischen, in Flaschen füllen und gut verkorkt an einem kühlen Ort etwa 6 Wochen lagern.

Rita Brunner
Feldöd 1, 8383 Aufhausen

Holunderwein

10 Holunderblütendolden
4 l Wasser
500 g Zucker
$^{1}/_{4}$ l Weinessig
1 Zitrone in Scheiben

Zucker in Wasser auflösen und abkühlen lassen.
Weinessig zugeben. Blütendolden säubern und mit Zitronenscheiben in ein großes Glasgefäß legen.
Flüssigkeit aufgießen und 24 Stunden zugedeckt stehen lassen.
Abseihen, in Flaschen füllen.
6 Tage an einen sonnigen Platz stellen.
Danach kühl aufbewahren.
Holunderwein schmeckt und prickelt wie Sekt.

Heroldine Weiß
Scheureck, Fürstenzell

Kalbsbrätgugelhupf

500 g Kalbsbrät
500 g frische Pfifferlinge
4 Zwiebeln
2 Knoblauchzehen
3 Eier
etwas Butter
etwas gehackte Petersilie
Salz, Pfeffer

Zwiebeln würfeln, Knoblauchzehen zerdrücken, Pfifferlinge waschen und in feine Scheiben schneiden und alles leicht in Butter andünsten.
Kalbsbrät dazugeben. Eier, Salz und Pfeffer untermischen. In gefettete Gugelhupfform füllen und ca. 2 Stunden bei 220 Grad im Backofen garen.
Dazu reicht man Petersilienkartoffeln und grünen Salat.

Elisabeth Koll
Erlenweg 6, 8399 Prienbach

Käseteller

1 P. Limburger Käse (150 g), sehr reif
ca. 3/4 l Milch
Salz, Pfeffer
reichlich Kümmel
3–4 EL Mehl
etwas kaltes Wasser

Milch erhitzen, Limburger samt Rinde in Stücke schneiden, zugeben, mit Salz und Pfeffer würzen und unter ständigem Rühren aufkochen lassen. Mehl mit kaltem Wasser anrühren und in die Käsemasse einrühren, nochmals aufkochen lassen.
Käsemasse in tiefe Teller oder in kleine Schüsserl gießen. Reichlich Kümmel darüber streuen.
Käseteller gut auskühlen lassen.

Edeltraud Maier
Steingartenweg 4, 8345 Asenham

Kasraller

1/2 l Milch
Mehl nach Bedarf
100 g geriebenen Emmentaler
etwas Salz
ca. 50 g Butter

Milch in einer Bratpfanne zum Kochen bringen. In die kochende Milch mit einem Zweispitz oder einer Gabel so lange gesiebtes Mehl einrühren, bis ein dicker Brei entsteht. Mit brauner Butter abschmelzen, geriebenen Emmentaler dick darüber streuen. In der Pfanne heiß auf den Tisch bringen.

Variationen:
Kasraller zum Gratinieren kurz ins heiße Rohr schieben oder mit Schinkenstreifen oder Röstzwiebeln belegen.

Josef Schmaus
Stadtplatz 5, 8374 Viechtach

Kübelsauer

Am Vorabend des Backtages, wenn der Sauerteig angerührt wurde, nahm die Bäuerin davon einige Löffel ab und mischte ihn in einem Töpfchen mit lauwarmem Wasser und Brotmehl zu einem geschmeidigen Teig, der bis zum anderen Morgen durchgesäuert war. Nun wurde der dickflüssige Teig in kochendes Wasser eingerührt. Es entstand eine sämige Suppe, die man mit Salz und Kümmel würzte. Zum Schluß wurde noch braune Butter eingerührt. Mit eingeschnittenem Hausbrot wurde der Kübelsauer gegessen.
Im gleichen Töpfchen, in dem noch ein Rest Sauer lag, wurden gleich wieder lauwarmes Wasser und Mehl für den nächsten Morgen eingerührt.
Bei jedem Brotbacken wurde neuer Sauerteig abgenommen, denn im Laufe der Zeit wurde der Kübelsauer allzu scharf im Geschmack.
»Kübelsauer stärkt den Bauern.«

Maria Häusler
Hermann-Löns-Straße 3, 8268 Garching/Alz

Kümmellikör

50 g Kümmel
10 g Fenchel
$^1/_2$ l Weingeist (96 %)
500 g Zucker
$^3/_4$ l Wasser

Kümmel und Fenchel im Mörser oder Mixer etwas zerkleinern, sofort mit dem Weingeist in eine helle Flasche füllen, gut verkorken. Etwa 2 Wochen am Fenster stehen lassen. Zucker und Wasser 10 Minuten kochen. Kümmel-Weingeist filtern, mit dem abgekühlten Zuckerwasser mischen, in Flaschen füllen, luftdicht verschließen. Vor dem Verbrauch noch mindestens sechs Wochen lagern.

Leni Bichler
Moosackerweg 11, 8262 Altötting

Met

500 g Farinzucker
1 Löffel süßen Anis
10 Nelken
einige Lorbeerblätter
2 l Wasser

250 g Farinzucker mit dem Wasser, Nelken, Lorbeer und Anis 2 Stunden kochen. Die übrigen 250 g Farinzucker in einem Topf gut rösten, dann daruntermengen, noch einmal gut aufkochen lassen, abseihen und kalt stellen.

Elfriede Mühlbauer
Regierung von Niederbayern, Abt. Hauswirtschaft

Leberwurst im Glas

1 zerhackten Kalbsfuß
2 l Wasser
1 kg magerer Schweinebauch mit Schwarte
2 Lorbeerblätter
600 g fetter Speck
2 EL weiße Pfefferkörner
600 g Schweineleber
3 bis 4 Zwiebeln
80 g Salz
je 2 MSP gemahlenen weißen Pfeffer
und gemahlene Nelken
1 TL Thymian
2 TL Majoran
1 Prise Muskatnuß

Zerhackten Kalbsfuß waschen, in Wasser aufsetzen und aufkochen lassen. Schweinebauch und Speck grob zerschneiden und mit Lorbeerblättern und Pfeffer eine Stunde leicht kochen lassen. Leber abziehen, 2 Minuten im Sud liegen lassen. Abtropfen und in Streifen schneiden. Zwiebeln schälen und vierteln. Gekochtes Fleisch in Streifen schneiden, Kalbsfuß vom Knochen lösen und mit Leber, Speck und Zwiebeln zweimal durch den Fleischwolf drehen. Mit Gewürzen und $^1/_2$ l Kochbrühe zu einer gleichmäßigen Masse verarbeiten. Einkochgläser zu $^3/_4$ Füllhöhe mit der Leberwurst füllen. Mit Gummiring, Deckel und Klammern verschließen und 2 Stunden bei 100 Grad sterilisieren.
Gläser zum Abkühlen auf ein Tuch stellen, und mit einem anderen Tuch bedecken. Klammern erst nach dem Erkalten entfernen.

Elisabeth Ebner
Obere-Kirchberg-Straße 269, 8371 Achslach

Mostpunsch

1–$1^1/_4$ l Most
$^1/_4$–$^1/_2$ l schwarzer Tee
1 Orange
1 Zitrone
1 Zimtstange
3–4 Nelken
1–2 Schnapsgläser Rum
Zucker nach Geschmack

Most mit in Scheiben geschnittener Orange und Zitrone, den Gewürzen und dem Zucker erhitzen. Tee zugießen, etwas ziehen lassen, zuletzt Rum zufügen.

Regina Schanzer
Holzbach 4, 8399 Fürstenzell

Niederbayerischer Pädagogensenf

150 g gelbes Senfmehl
100 g grünes Senfmehl
250 g Farinzucker
$^3/_4$ l Weinessig/Wasser (halb/halb)
1 geschälte Zwiebel
3 Stück ganze Nelken

Senfmehl, gelb und grün, und Farinzucker in einer Schüssel trocken vermischen. Zwiebel schälen und mit Nelken spicken. In einem Topf die Essig-Wasser-Mischung mit der Zwiebel zum Sieden bringen, ca. zwei Minuten kochen lassen. Zwiebel herausnehmen und Sud unter die Trockenmischung rühren, bis ein noch leicht flüssiger Senfbrei entstanden ist. Diesen heiß in Gläser mit Schraubverschluß füllen. Sofort verschließen.

Rudolf Raith
Wolfwiesenstraße 10, 8440 Straubing

Nußgeist

10 bis 15 frische Walnüsse (Mitte Juli vom Baum)
6 ganze Nelken
6 Pimentkörner
Schale einer unbehandelten Orange
1 l Branntwein
375 g Zucker
$^1/_2$ l Wasser

Nüsse in Scheiben schneiden, mit Nelken, Pimentkörnern und Orangenschale in eine Flasche oder ein Glasgefäß geben. Branntwein darübergießen, gut verschließen und 14 Tage stehen lassen. Durch ein Tuch auspressen, Geist zurück in die Flasche füllen. Zucker in Wasser kochen, nach Erkalten mit dem Nußgeist mischen. 10 bis 12 Tage stehen lassen, langsam durch Filterpapier abgießen und in Weinflaschen füllen. Gut verschließen und einige Wochen bis zum Verbrauch lagern.

Edith Wimmer
Reithbauernstraße, 8354 Pörndorf

Obatzter

125 g weichen Camembert
125 g Quark
65 g Butter
1 Ecke Streichkäse
$^1/_2$ TL Paprikapulver
1 Prise Salz, Pfeffer
1 gewürfelte Zwiebel

Camembert, Quark, Butter und Streichkäse mit einer Gabel zerdrücken oder hacken. Mit Salz, Pfeffer und Paprikapulver abschmecken. Zwiebelwürfel zuletzt zugeben.
Nach Belieben mit Essiggurken, Schnittlauch oder Zwiebelscheiben garnieren.

Johanna Skotnitzki
Herrenstraße 13, 8360 Deggendorf

Orangeneis

160 g Zucker
4 Eigelb
1/2 l Milch
Saft von 2 Orangen
Saft 1/2 Zitrone
Schale einer unbehandelten Orange

Zucker und Eigelb schaumig rühren. Milch daruntergeben, auf den Herd stellen und weiterschlagen, bis die Masse kocht.
Abkühlen lassen, Zitronen- und Orangensaft zugeben und mit der abgeriebenen Orangenschale würzen.
In der Gefriertruhe erstarren lassen.

Elfriede Mühldorfer
Regierung von Niederbayern, Abt. Hauswirtschaft

Pfefferminzschnittchen

250 g Kokosfett
250 g Bitterschokolade
200 g Zucker
4 Eier
8 Tropfen Pfefferminzöl
200 g gemahlene Nüsse
6 rechteckige Oblaten

Fett, Schokolade und Zucker miteinander zerlassen und abkühlen. Eier unterrühren. Pfefferminzöl und Nüsse zufügen und gut vermengen.
Oblaten auf einer Seite mit der Masse bestreichen und aufeinanderschichten. Beschweren und im Kühlschrank fest werden lassen.
In kleine Stückchen schneiden.
Kühl lagern.

Heroldine Weiß
Scheureck, Fürstenzell

Quarkcremerosette auf Fruchtspiegel

2 Eier, getrennt
150 g Zucker
Mark einer Vanilleschote
500 g Quark
6 Blatt Gelatine
2 EL Wasser
$^1/_8$ l Sahne

200 g Himbeeren
2 cl Himbeergeist
50 g Zucker

Himbeeren mit Zucker und Geist mit einem Pürierstab fein mixen, durch ein feines Sieb streichen.
Schaummasse aus Eigelb und Zucker herstellen, Gelatine in 2 EL kaltem Wasser lösen. Schaummasse mit Quark, Gelatine und Vanillemark gut verrühren. Steif geschlagenen Eischnee und geschlagene Sahne nach Ansteifen der Masse unterheben und kalt stellen. Quarkcreme in einen Spritzbeutel mit Sterntülle füllen. Himbeersoße auf Teller geben (Spiegel) und mit der Quarkcreme eine große Rosette aufspritzen.

Mathilde Kehl-Waas
Haunerstraße 9, 8357 Haidlfing

Quittenbrot

ca. 750 g Quitten
500 g Zucker
etwas Wasser

Quitten mit Geschirrtuch abreiben, waschen und in Stücke schneiden. In etwas Wasser weich dünsten. Durch ein Sieb passieren.
Mit Zucker verrühren und kochen, bis das Mus zu gelieren beginnt.
Den dicken Brei ca 1 cm dick auf ein mit Pergamentpapier ausgelegtes Kuchenblech streichen.
Im Backofen bei höchstens 50 Grad trocknen lassen, bis sich die Paste gut vom Papier lösen läßt.
Trockendauer je nach Saftgehalt der Quitten. (Kann bis zu 3 Tagen dauern.) Quittenbrot in Stücke schneiden oder Plätzchen ausstechen.

Johanna Fisch
Stettener Straße 7, 8335 Falkenberg

Renetten Gelee

aus dem Jahre 1802

Äpfel (Renetten oder Borsdorfer Äpfel)
Wasser zum Kochen
je Pfund Äpfel ein halbes Pfund Zucker
Zitronenschalen

Äpfel in Stücke schneiden, Kerngehäuse nicht entfernen. In soviel Wasser zum Kochen bringen, daß die Äpfel gut bedeckt sind, weich kochen.
Zerdrückte Apfelstücke auf ein sauberes Tuch legen, Saft ausdrücken. Abwiegen und in einen Topf füllen.
Entsprechende Menge Zucker (Hälfte) zugeben und zusammen kochen, bis der Saft sehr dick geworden ist.
Zitronenschale zufügen und kochen, bis die Masse geliert. (Probe auf einem kalten Teller machen.)
Gelee in Marmeladengläser füllen, verschließen und kühl aufbewahren.

Michael Fischl
Wilhelm-Niedermayer-Straße 15, 8391 Tittling

Roggenschuberl

500 g Roggenmehl
11/2 P. Backpulver
1 TL Salz
1 TL Kümmel
1/2 l Weißbier
Kümmel und grobes Salz zum Bestreuen

Mehl mit Backpulver mischen und mit allen übrigen Zutaten zu einem Teig verarbeiten. Etwa 20 Laibchen daraus formen und auf ein mit Mehl bestäubtes Backblech setzen. Mit Salz und Kümmel bestreuen.
Bei 200 Grad etwa 30 Minuten backen.

Elfriede Mühldorfer
Regierung von Niederbayern, Landshut

Rottaler Streichkäs

1 kg Quark
$^{1}/_{2}$ l Wasser
1 EL Butter
1 TL Kümmel

Den ausgedrückten Quark mit der Hand zerbröseln, in eine Tonschüssel geben und mit einem Leinentuch bedeckt zwei Tage lang an einem warmen Ort (20 Grad) stehen lassen. Quark nach dieser Reifezeit mit Wasser, Butter und Kümmel in einem Topf unter Rühren auf etwa 80 Grad erhitzen. Vom Herd nehmen und ständig weiterrühren, bis die Masse erkaltet ist.
Rottaler Streichkäs schmeckt mit frisch gemahlenem Pfeffer, Butter und Radi zu Schwarzbrot.

Regina Schanzer
Holzbach 4, 8399 Fürstenzell

Sauerkirsch-Aufgesetzter

$^{1}/_{2}$ Flasche Sauerkirschen
125 g weißen Kandiszucker
$^{1}/_{4}$ Vanilleschote
ca $^{1}/_{2}$ l Korn (32 %)

Sauerkirschen waschen, entkernen, Kerne ca. 2 cm hoch in die Flasche füllen. Flasche bis zur Hälfte mit Sauerkirschen auffüllen. Kandiszucker und kleingeschnittene Vanilleschote zugeben und mit Korn aufgießen.
Ca. 4 Wochen stehen lassen, bis der Aufgesetzte richtig durchgezogen ist.
Aufgesetzten abgießen, Sauerkirschen für Pudding, Quarkdessert oder Eisbecher verwenden.

Marion Wächter-Morcinietz
Waldstraße 67, 6307 Linden

Sektpunsch

3 Zitronen
500 g Zucker
$^{1}/_{2}$ l Weißwein
$^{1}/_{4}$ l Rum
$^{1}/_{2}$ l Schwarztee
1 Flasche Sekt

Saft und Schale von den Zitronen mit Zucker und Weißwein vermengen. In einem Kochtopf erhitzen, bis der Zucker gelöst ist. Erkalten lassen. Tee und Rum zufügen.
Kurz vor dem Servieren mit Sekt aufgießen.

Christa Höfler
8391 Glotzing 2

Saure Bratwürste

Pro Person:
5 EL Apfelessig
5 EL Wasser
1 Zwiebel in Ringe geschnitten
1 kleines Lorbeerblatt
1 Nelke
2–3 Wacholderbeeren
1 Prise Zucker
1 Prise Salz
1 Paar Bratwürste

Zwiebelringe im Essig-Wasser-Gemisch mit Lorbeerblatt, Nelke, Wacholderbeeren, Salz und Zucker langsam weich kochen. Bratwürste einlegen und zugedeckt ca. 15–20 Minuten ziehen lassen (nicht kochen!). Bratwürste auf einem vorgewärmten Teller anrichten, mit den gedünsteten Zwiebelringen garnieren und den Sud darübergießen.

Staatsminister Hans Maurer
Bayer. Landwirtschaftsministerium

Semmelkren

4 kleingeschnittene, entrindete Semmeln
1 TL Zucker
10 g Butter
80 g geriebener Kren (Meerrettich)
ca. 1/2 l Fleischbrühe
Salz, Pfeffer
Muskat
etwas Zitronensaft

Semmeln mit Fleischbrühe übergießen, gut verrühren. Gewürze zugeben, Butter unterrühren.
Den geriebenen Kren beigeben, aufkochen lassen. Je länger der Semmelkren kocht, um so milder wird er.
Semmelkren schmeckt zu gekochtem Rindfleisch.

Anneliese Hertel
Am Wilmhof 48, 8390 Passau 24

Süß-saure Tomaten

3 kg Tomaten
1 kg Zwiebeln
1 Handvoll Salz
0,7 l Weinessig
875 g Zucker
2 EL Senf
2 EL Mehl zum Binden
2 EL Curry
2 EL Cayennepfeffer
1 TL Ingwer
2 TL Paprika
2 EL Kurkuma

Tomaten und Zwiebeln würfeln, mit einer Handvoll Salz mischen, über Nacht ziehen lassen. Saft abgießen. Masse mit Senf und Essig ca. 1 1/2 Stunden einkochen lassen.
Zucker, Rosinen und alle Gewürze zugeben und mit Mehl eindicken. Noch 10 Minuten langsam köcheln lassen. Heiß in Gläser füllen. Schmeckt zu gebratenem und gegrilltem Fleisch und zu Wurst.

Bernadette Staudinger
Donaustraße 8, 8441 Reibersdorf

Speck-Zwiebel-Bloatz

Roggenbrotteig vom Bäcker oder Hefeteig
ausreichend für ein Backblech

250 g gewürfelten Speck
1 kg Zwiebeln, in Ringe geschnitten
50 g Butter
4 Eier
1 Becher Sauerrahm
1 TL Kümmel
Muskat, Salz, Pfeffer
Fett für das Blech

Butter in einer großen Pfanne erhitzen und darin die Zwiebelringe glasig dünsten. In einer anderen Pfanne den Speck auslassen. Zwiebeln und Speck mischen.
Teig auf bemehlter Arbeitsfläche ausrollen und auf ein gefettetes Blech legen. Die Zwiebel-Speck-Mischung darauf verteilen. Eier mit Sahne verquirlen, mit den Gewürzen abschmecken und über den Bloatz verteilen. Ca. 40 bis 50 Minuten bei 200 Grad backen. Heiß servieren.

Elke Zellner
Max-Wittmann-Straße 6, 8262 Altötting

Süß-saurer Kürbis

4 kg Kürbis
2 kg Zucker
$^{1}/_{2}$ l Weinessig
$^{1}/_{2}$ l Wasser
Saft 1 Zitrone
2 TL Ingwerpulver
2 Stangen Zimt
Gewürznelken

Zucker, Essig, Zimt, Nelken, Wasser und Zitronensaft aufkochen lassen. Kürbis schälen, in ca $1^{1}/_{2}$ cm große Würfel schneiden und portionsweise im Sud glasig kochen lassen (4–5 Minuten). Herausnehmen und in Gläser schichten. Ingwerpulver im Sud aufkochen, Sud heiß über die Kürbiswürfel in den Gläsern gießen und sofort verschließen.

Leni Bichler
Moosackerweg 11, 8262 Altötting

Topfenkaserl

500 g Topfen
ca. 500 g Emmentaler
je $^{1}/_{2}$ TL Salz und Pfeffer
2 TL Kümmel

Topfen in einem Tuch ausdrücken, Käse reiben. Alle Zutaten gut vermengen. Kleine flache Laiberl formen. Die Laiberl auf ein Holzbrett legen, das mit Pergament überzogen ist. In einem trockenen Raum etwa 1 Woche trocknen lassen. Täglich wenden. Die Käselaiberl schmecken zu Butterbrot

Leni Bichler
Moosackerweg 11, 8262 Altötting

Umdrahter Bauernschwanz

500 g Schweinefleisch, nicht zu mager
500 g Schweineleber
1 Schweinemilz
1 Schweinenetz (Vorsicht, reißt leicht)
2 Zwiebeln
1 Handvoll Petersilie
Salz, Pfeffer

Fleisch und Leber in dünne, möglichst lange Scheiben schneiden. Vermischt auf dem ausgebreiteten Schweinenetz nebeneinander auslegen. Salzen, Pfeffern und mit kleingehackten Zwiebeln und Petersilie reichlich bestreuen.
Mit einem weiteren Netzteil abdecken und fest aufrollen. Die Milz aufschneiden, mit der Innenseite nach außen über die Wurst legen (umdraht) und wie einen Rollbraten binden. Wurst in einem großen Topf in Salzwasser etwa 1/2 Stunde kochen, dann in Scheiben schneiden.
Mit Schwarzbrot und Kartoffelsalat anrichten. Die Brühe, die einen ganz besonderen Geschmack hat, ohne Einlagen essen.

Ursula Nußbaumer
Trifterner Straße 12, 8345 Asenham

Weinbeersoße

in gleichen Teilen Sultaninen
und Weinbeeren nach Bedarf
etwas Zimtrinde
einige ganze Nelken
einige Lebkuchen
Wasser

Sultaninen und Weinbeeren waschen, in einen Topf geben, Wasser zugießen. Mit Zimtrinde und Nelken aufkochen lassen. Einige Lebkuchen zum Binden in die Soße bröseln und zerkochen lassen. Wenn nötig, etwas nachzuckern.
Weinbeersoße schmeckt am besten kalt zu Grießnudeln.

Maria Hödl
Renfting 2, 8395 Hauzenberg

Weinsuppe

½ l bayerischen Wein
etwas Wasser nach Bedarf
140 g Zucker
1 Zimtstange
etwas Zitronenschale
8 Eidotter

Wein nach Belieben mit etwas Wasser verdünnen, Zucker, Zimt und Zitronenschale zufügen, aufkochen lassen. Eidotter mit etwas frischem Wasser verquirlen und in den kochenden Wein einrühren. Nochmals gut aufkochen lassen, dann durch ein Haarsieb gießen.

Christa Höfler
Glotzing 2, 8391 Untergriesbach

Zwiebel-Kartoffel-Brot

750 g Brotteig (vom Bäcker)
225 g Speck
625 g Zwiebeln
$^{1}/_{4}$ l Öl
750 g gekochte Kartoffeln
375 g Quark
2 Eier
$^{1}/_{8}$ l Milch
$^{1}/_{4}$ l Sauerrahm
Salz
Petersilie
Schnittlauch

Speck auslassen, etwas Öl zugeben. Die fein geschnittenen Zwiebeln darin glasig dünsten. Die frisch gekochten Kartoffeln pellen, durchdrücken und mit der heißen Milch zu Brei pürieren.
Quark, Eier, Rahm, Speck, Zwiebelringe und Öl in den Kartoffelbrei mischen. Mit Salz abschmecken.
Den Brotteig auf einem großen oder zwei kleinen Backblechen ausrollen, Rand etwas hochdrücken. Die Kartoffelmasse darauf verteilen.
Im vorgeheizten Ofen bei ca. 200 Grad etwa 30 Minuten backen.
Der Kuchen wird heiß vom Blech gegessen.

Marion Wächter-Morcinietz
Waldstraße 67, 6307 Linden

Weitere Bücher aus der beliebten Kochbuch-Reihe von Irmi Hofmann

Lieblingsrezepte

aus Obst, Gemüse, Kartoffeln, Vollkorn

Gesund und zeitgemäß genießen mit Obst, Gemüse, Kartoffeln und Vollkorn, das ist der Leitgedanke in diesem Buch. Essen soll gut schmecken, Spaß machen und gesund sein. Was wollen Sie zuerst ausprobieren? Wie wäre es mit Landfrauenwähe, Mostkartoffeln, Gerstenbraten, Brokkolikuchen, Quittentopf oder Vanille-Apfel-Torte?

184 Seiten, Format 17 x 24 cm, 8 Farbabbildungen
ISBN 3-924484-62-7

DM 19,80

Kuchen und Torten

Die Krönung Ihrer Kaffeetafel

Verwöhnen Sie Ihre Familie und Ihre Freunde mit saftigen Obstkuchen, köstlichen Napf- und Blechkuchen, raffinierten Torten und knusprigem Gebäck! Mit diesen Leckereien wird Ihr Kaffeeklatsch zum Hochgenuß: Karlsbader Zimttorte, Joghurt-Weincreme-Torte, französischer Obstkuchen, gebackene Rosen oder Fürst-Fugger-Hausbrot.

184 Seiten, Format 17x24 cm, 8 Farbabbildungen
ISBN 3-924484-82-1

DM 19,80

Lieblingsplätzerl

Leckerl aus Ostbayern · Kekserl aus Oberösterreich

Plätzerl oder Kekserl, sie sind der Stolz jeder Hausfrau. Wählen Sie aus unter Lebkuchen, Stollen, Früchtebrot, Makronen, Konfekt, Vollkorngebäck oder „Schnellen Schnitten"! Kennen Sie Mohnkugeln, Walnußkonfekt, Innviertler Mostkeks, Kürbiskernkipferl, Fidelios, Champagner Plätzchen, Springerle und Geleekrapferl?

184 Seiten, Format 17x24 cm, 8 Farbabbildungen
ISBN 3-924484-45-7

DM 19,80